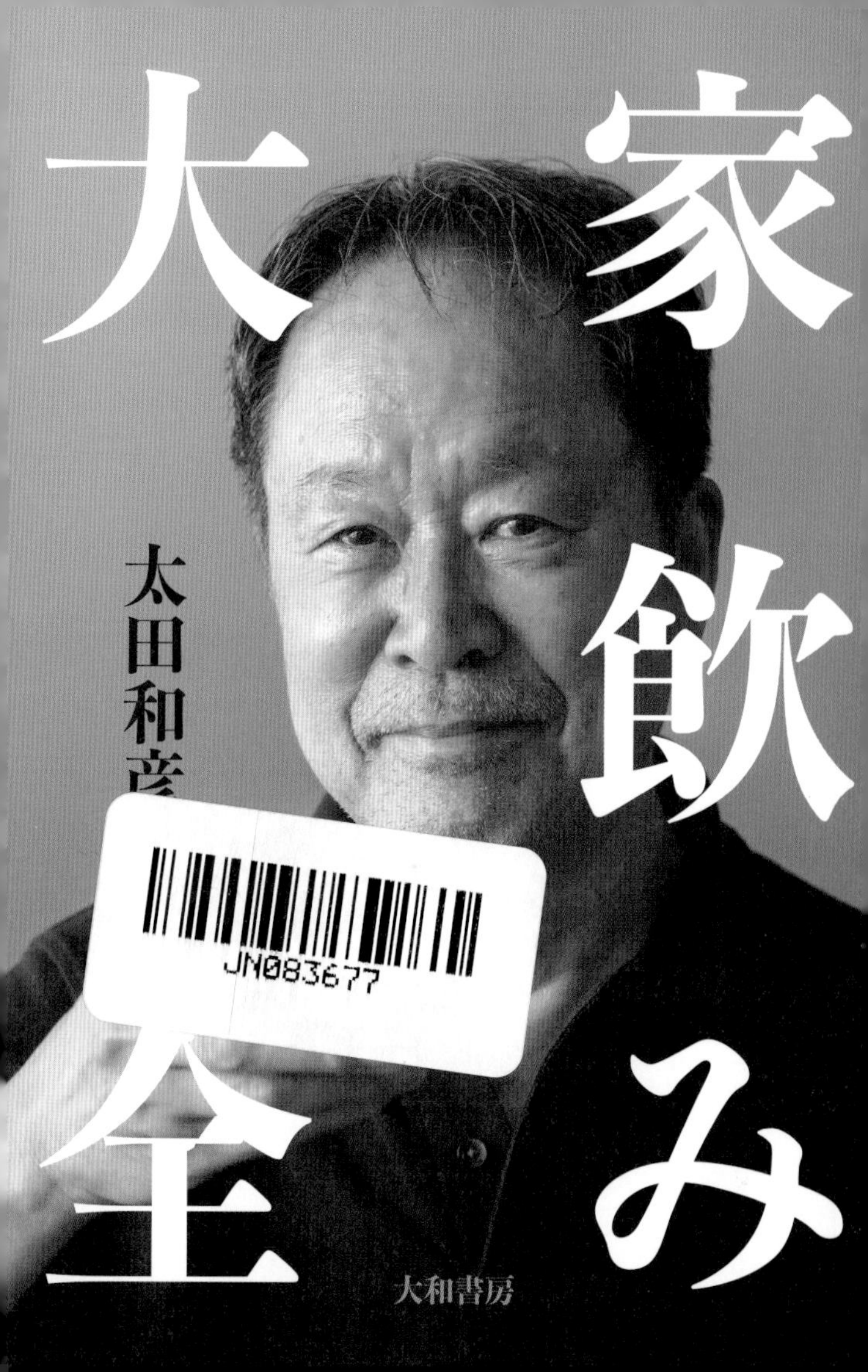
家飲み大全
太田和彦
大和書房

ビールの盆

家飲み第一部は「ビール」。専用の盆を用意し、置くのはグラス、箸、肴《さかな》一品。それ以外のビール缶や皿は盆外に置いて、外様《とざま》と譜代《ふだい》に分ける。箸置きは使わず、箸先を盆の手前左縁にのせるのは、茶道の作法だ。

ビールの注ぎ方

① 缶ビールをグラスに向け、細い一条の流れを作り、次第に30cmほどまで持ち上げて注ぐ。

② 泡対ビールがおよそ八対二になったら、しばらく待つ。

③ 泡対ビールが四対六になったら、缶ビールをグラスの縁に当てて注ぎ足し、泡を持ち上げる。

④ 泡対ビールが三対七になったら飲み時。

日本酒の盆

ビールの部を終えたら、第二部「日本酒」の開始。盆のビールグラスは退場し、新たに徳利《とっくり》と盃《さかずき》が置かれる。コースターは、ミズナラの間伐材《かんばつざい》を1センチほどに輪切りにしただけのもの。これがまことに座りがよく風格がある。

盃の持ち方

❶ 基本の持ち方

人さし指と親指で軽くつまみ、残った指で底を支え、親指の脇からスイと飲む。

❷ 無頼《ぶらい》な持ち方

人さし指は浮かし、中指と親指で持つ。肘を向こうに回し、中指親指の間から迎える格好でグイとやる。

❸ 公家《くげ》や貴人《きじん》の持ち方

外縁の端を握りこぶしの指先で持ち、一口ごとに侍女に差し出して注がせる。

女性の持ち方

右掌(てのひら)四本指にのせて親指で軽く押さえる。口を隠すように左手を添えてしとやかに。

旅の多い私が、古道具屋の軒先に文字通りホコリをかぶっているものをこつこつ買い集めたもの。いつの間にかポリコンテナにいっぱいとなり、どれだけあるかはわからない。

盃同様、今夜のを選ぶのが楽しい。古道具屋で中古品を探したものがほとんどだが、左から三本目は作家の川上弘美さんからのいただきもの。

角野卓造さんからいただいた錫(すず)製のちろり。ちろりとは酒を入れ、湯に沈めてお燗(かん)する容器で、片手ハンドルはヤカンなどに引っかけて湯中に浮かすため。

ポットの湯が沸いたら火を止め、ちろりを沈め、酒かん計をさす。酒にもよるがだいたい45〜50℃で上げる。

肴

奥から時計回りに、〈塩イカ〉〈鉄火マグロ〉〈小松菜もみ〉〈玉子の味噌漬〉。

だいわ文庫

家飲み大全

太田和彦

大和書房

はじめに

こよなく居酒屋を愛する者であるが、毎晩通っているわけではない。「家飲み」も続けてきた。

同じ酒でも、居酒屋には居酒屋の、家飲みには家飲みの良さがある。外で飲むのと家で飲むのでは、楽しさ、味わい、酔い心地が違う。もっと言えば、外飲みは店が違っても同じようなものだが、家飲みはおそらく人により千差万別《せんさばんべつ》、皆それぞれのやり方をもっているだろう。

家族と夕飯のとき一杯飲むのも家飲みだ。食事にビールや酒がついている団欒《だんらん》重視だが、いつまでも自分だけだらだらやっていては叱られる。

私の家飲みはそうではなく、夕飯時とは別の独立した自分だけの時間だ。開始は遅く、おおむね一人で行い、終えたら寝る。ここでは太田流、いつの間にか出来上がってきた私の流儀《りゅうぎ》を紹介して、おなぐさみとしよう。

目次

第二部　日本酒

肴を楽しむ

◆初級

◆中級

家飲みの作法

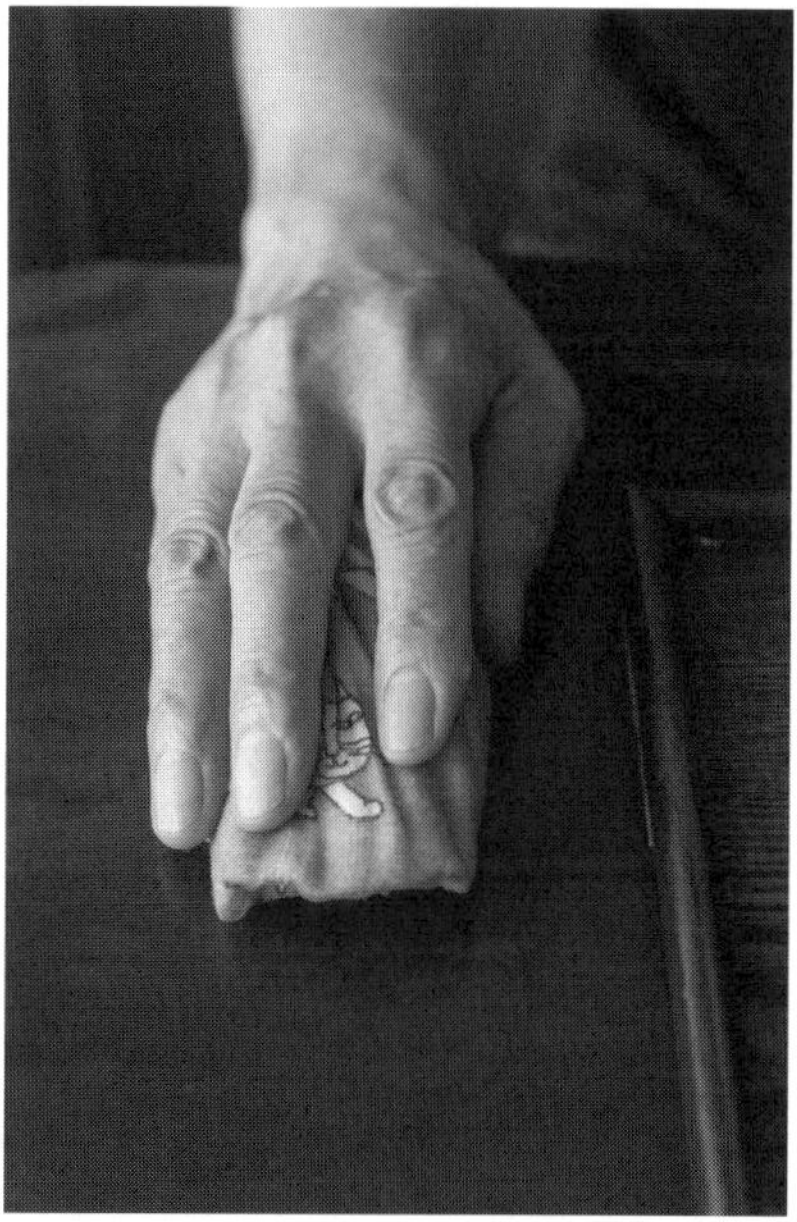

外で飲むこと

居酒屋は、知らぬ他人の中で飲むのが最大特徴だ。入る店を決めて席に着くと、おしぼりを使いながら品書きから好きな酒、肴を選び注文。まずはお通しが届いて、本日の一杯開始。

いろいろある酒の銘柄や肴の品書きを読むのは最大の楽しみだ。家飲みとはまずここが違う。旬の魚、例えばシラウオ、サヨリ、初鰹《はつがつお》、カワハギ、その胆和《きもあ》え。あるいは筍《たけのこ》、水茄子《なす》、松茸。また何十年も出汁《だし》を注ぎ足した名物おでんや、手間のかかる煮込みなどは、家ではできないものだ。

一方、他人の中にいるのは気を遣う。大声で注文したり、横柄《おうへい》になったり、公衆の面前で悪酔いなどは大人のすることではない。行儀や常識が問われ、ときに譲り合うマナーも必要だ。

そうして、じっくり店内を見る。

あの三人は上司と部下だな、仕事をめぐって本音を言えるのが居酒屋、それは良いことだ。にぎやかな四人は学生時代の仲間らしい。あちらは女子会か。居酒屋にも女性だけで来るようになったのは歓迎だ、華やかでいいや。隅のカップルは恋人同士だな。デートでこんな大衆居酒屋に来るなんて堅実でいいじゃないか。高級レストランなど行ってるうちは本当の恋人同士じゃないぞ、贅沢はよそうと言えてこそ本物（と一人説教）。あちらの淋しげな一人客はオレと同じか。目を合わせぬようにしよう。

ゆっくり世間を見るのも居酒屋の効用だ。こればかりは家ではあり得ない。もう一本いこう。

さらにもうひとつの良さ。通い続けるとカウンターで店の主人と話す楽しみが生まれる。酒の肴の秘訣《ひけつ》などは面白い。それがまた美人の女将《おかみ》さんだったらなおさら。ウチにはいないと（コラ）。

いつしか酒や味よりもそちら目的でのれんをくぐるようになった。

「太田さん、いらっしゃい、今日はアジがいいっすよ」

「太田さん、お若いわね」

名前で呼んでもらえるうれしさ、もちろんお世辞《せじ》だが、つい、にこにこだ。

そしてもちろん、気の合った仲間、好きな女性を誘っての、気のおけない居酒屋ほど良いものはない。さらに男なら（いや女性もか）、真剣な個人的相談をじっくり聞くのは、レストランや食べ物屋ではだめ、間に酒が必要になる。

「……どうしても辞めるのか」

「はい」

「後悔しないか」

黙って盃を口にする姿に覚悟が見えた。

一人でも、友人とでも、他人のいる中でいささかの緊張をもって飲むのが居酒屋の良さだ。

そうして最後は、お代を払って帰る。電車に遅れぬよう。

家で飲むこと

家飲みにこういうものはすべてない。家飲みは居酒屋の真似とは全く違う別の世界だ。ビールは缶、肴は冷蔵庫の余りもの。支度《したく》も片づけも自分で。「太田さん、いらっしゃい」と声をかけてくれる人などいるわけがない。

シーン……

夜十時。人のざわめきも、威勢《いせい》のよい店の声も、仲間や女将との語らいも、温かな雰囲気も、何もない。今在《あ》るのはオレ一人。

――これがいい。

家飲みとは、世間も、他人もすべて遮断《しゃだん》し、自分一人に沈潜《ちんせん》するところに意味、醍醐味《だいごみ》がある。パジャマで飲もうが、椅子《いす》にあぐらをかこうが、だらしなくしようが、誰の目も気にせず、緊張のかけらもなく、何もしないでぼおっと飲んでいる。

そこには裸の自分がいる。公衆の面前で裸にはなれないが、家ならパンツ一丁で飲んでもかまわない。疲れたらそのままバタンと寝ればいい。お勘定《かんじょう》も帰りの電車もいらない。

目の前にある肴は残りもの。瓶詰の海苔《のり》佃煮《つくだに》がいやにご馳走《ちそう》に見える。ビールもいつもの味。

何をしているか、何もしていない。ただぼおっとしている。

男が何もない机で、あるいはお茶一杯で三十分もぼおっとしていると家人は怪しむ。

「どうしたの、何かあったの」と。

しかしそこに酒があればおかしくはない。「ああ、お酒飲んでるのね、ほっとけばいいんだわ」と怪しまない。ほうっておいて先に寝てしまえばいい。

外飲みと家飲みの違い

酒なら家で飲めるのに、わざわざお金を払って外で飲むのは「世間」に身をおくこと、他人の中に自分を放り込むことが目的だからだ。

それゆえ、入った店に客は自分一人だったらつまらなく、ある程度混んでいる方がよい。人との「密」が必要だ。そこには自分が「人好き」の要素もある。注文した、家では食べられない料理もまた世間。酔っぱらうのが目的ではなく「世間との絆《きずな》を確認する」ことでもある。

家飲みはその真逆だ。「世間との関係を断って」一人で飲む。「密」ではない「個」の世界。酒も料理も注文はできない、いつも同じもの。しているのは、世間の観察、世間との連帯ではなく、自分の観察、自分との連帯。普段は忘れている「自分との絆を確認する」営為《えいい》だ。

コロナ禍《か》で居酒屋飲みができず「オンライン飲み会」というのが出現したが、すぐすたれたのは、公的な場でも私的な場でも、どちらでもない中途半端とわかったからだ。

家飲みの意味をしっかり認識すれば、外飲みでは気づかなかった、得られなかった豊かな世界を発見する。

一人で家飲みをしていると、自然に何か考える。オレも結婚してン十年か、いい歳になったな。若いとき好きだったあの娘と結婚していたらどうなっただろう。今どうしているかな。幸せならいいな。

オレは幸せか、いやこうして家で飲めてるんだから、幸せと思わなければいけないな。

家族もそう思ってくれているだろうか。

まだしばらく働かなくてはな。老後は金が必要、もうひとがんばりだ。

……しかしそのうち何も考えなくなる。ふと気づき、もう寝なきゃ。明日もある。

私の日常

大学を出て銀座の資生堂にデザイナーとして就職。二十年勤め、独立してデザイン事務所を始めた。その事務所も解散して今は完全一人。そのまま借りている仕事場は、デザインよりも文筆がおもになった。今こうやってパソコン叩いているのがそれ（ちなみに私は立ってやってます）。

朝十時には仕事場に来て、まずコーヒー。昼食はパスタやうどんなど自炊。以前は夕方五時ころに野菜炒めとか夕飯を作っていたが、帰宅後の家飲みでけっこう食べていると気づき、健康を考えてやめた（本当は寝る前に食べる方がいけないと知っていますが）。

夜九時ころになればもう使いものにならず、頭休めに好きなレコードを一、二枚聴き終えると、「今日無事」と神棚に手を合わせ、電気を消し、戸締まりをし、ゴミを出して家に帰るのが日課。すぐ風呂を浴び、それから家飲みビールだ。

朝食九時、昼食十二時、だいぶ間が空いて夜の家飲み十時。これがパターンになった。体重64キロ弱、出腹も少しへこんでくれたか。

家飲み開始が遅いのは、飲み終えたらすぐ寝たいから。飲んでいるのは二時間ほどだから、七時開始だと、終えて九時では床に入るまで時間が余ってしまう。早く寝れば朝六時には目が覚めてしまう。何より、ほどよい酔い心地のまま即オヤスミできるのこそが、根本的に外飲みとは違う良さだ。したがって十時開始。

はじめは、自分の母との夕食を終えた妻が相手をしてくれ、ほとんど家にいない私は夫婦の会話は大切とおつきあいする。それも一時間もすれば「お先に」と寝室に去り、そこからは一人だ。

そうして家飲みの深奥《しんおう》に入る。何も考えず、ただぼんやりしている。身じろぎひとつしない時間。

人間、空っぽになることは必要だ、と考えるが、その思念《しねん》も消えて本当に空っぽ。ただ壁や天井を見つめていて、ふと時計に目をやると十二時、そろそろ寝るかと酒の残りを空けて立ち上がる。二時間も椅子に座っていたな。小便して、歯磨いて、オヤスミ……。

この、社会も、人間も、何か考えることも、すべてを絶ち切った「無の時間」こそが、家飲みの神髄《しんずい》だ。

太田流家飲み

その家飲みは次第に方式が定まった。

基本中の基本は、専用のお盆を用意すること。私のは、ある露天市《ろてんいち》でたしか５００円で買った、35×25センチほどの長方形木製。投げ売りの安物だが、浅く縁が囲んでおさまりがよく、もう七、八年、毎晩愛用している。

ここに置くのは「グラス・箸・肴一品」の三点のみ。それ以外のビール缶や皿は盆外に置いて、外様と譜代を分ける。箸置きは使わず、箸先を盆の手前左縁にのせるのは、茶道の作法だ。

この盆内を「結界《けっかい》」とする。たとえ食卓は、新聞だのティッシュ箱だの、いろんなものが乱雑に置かれていようとも、盆内だけは、精神を浄化して集中する神聖な別世界にする。そこには美意識がある。そう、私は家飲みに「美学」をもちたいのである。大げさと笑ってくれ。

私は若い頃裏千家を少し習い、お茶事《ちゃじ》にも臨《のぞ》んだ。そこではまず茶懐石《ちゃかいせき》による食事をとり、それは畳に置いた折敷《おしき》（盆）に、飯・汁・向付《むこうづけ》（刺身三切れなど）が置かれて箸をとる。これは最後にお茶をおいしく味わうためだ。日本の食事は古来、一人一膳が基本でその名残《なごり》がここにある。いつしか家飲みで盆を使い、そこに置くのは三点としたのはこの習いかもしれない。

盆はファミレスのようなプラスチックのは論外、子供の給食じゃないぞ。漆《うるし》などの塗物は熱いものを置くと白くなることがあり、器を引くと傷もつきやすく気を遣う。ちなみに決まりの朝食、ヨーグルトとトマトジュースは、「無印良品」で買ったもう少し小振りの白木合板《ごうはん》の盆で、五分で終えたらすぐ下げる事務的食事の朝はこれでよい。また丸盆や半月盆は案外に中が狭く、いろいろが並ばず使いにくい。

料亭などで、縁のない平板の折敷を出す所もあるが、囲み縁がないのはなんとなく頼りなく、酒などをこぼしても防波堤《ぼうはてい》にならず机に流れてしまう。実際、家飲みで酔って酒をこぼすことはよくあるが（ぼーっとしてますゆえ）、騒ぎは盆内で片づく。

また布やすだれなどのランチョンマットというものもあるが、いかにもファミリー的で、男の晩酌《ばんしゃく》には似合わない。

酒盆の行儀

酒盆の良さを知ったのは、大塚の名居酒屋「江戸一《えどいち》」だ。ここはカウンター席も机席も、盃と箸を置いた一人一盆が並んで客を待つ。客は盆内で盃を傾け、肴をつつき、空いた徳利や皿は盆外に置く。東京駅八重洲口の古い居酒屋「ふくべ」も同じように角盆が並ぶ。

これはおのずと、自分の領域はここまでと、むやみに置き散らかさない行儀を生み、静かに飲む空気も生んでいる。江戸一の亡くなった年配女将は、盆外に空き徳利が五、六本も並ぶと「あんた、もうお帰んなさい」と算盤《そろばん》を手にとり、そうなれば常連も、皿を片づけ、空き徳利を一列に揃《そろ》え、おしぼりで机を拭くと、本当にもうやることがなくなったと惜しみながら席を立つ。店は盆を下げ、新しい一盆を置く。帰った客は翌日また来る。いつしかこれを家飲みでするようになったのだ。

運ぶためではない、机に置く料理盆は良いものだ。わが家も正月三が日の朝は、普段はしまってある塗りの半月盆が、妻の母・妻・私と三つ置かれて箸が並び、あらたまった気分をつくる。

自分の盆を常にきれいにしておくことを「盆をつくる」と言う。盃、小鉢、刺身の醤油小皿などを配置よく置く。「こうじゃないな」と置き換えることもある。終えた皿を盆外に出し、別の肴を置くときは、新しい人事配置と楽しい。一人飲みはこういうことを面白がる。

誰かと銘々盆が置かれた居酒屋に入ると、おのずと互いに自分の盆をつくることになる。私は男同士がひとつ皿をつつき合うのが嫌いなのでこれは助かる。盆外に共通皿を置くのはカッコ悪い。自分のことは自分で、大人なんだから。そして自然にそれぞれの代はそれぞれで払う感じになるのもさっぱりして好きだ。男同士は貸し借りなし。酒も手酌。

女性と一緒のときは違います。あれ食べる？　これおいしいと皿を差し向け、お酌もしてサービスに勤め、お勘定もおまかせを。何度もご一緒すると「今日は、私にも払わせて」とうれしいことを言ってくれるが「ありがとう、気持ちだけいただくよ」。で、外に出てお礼の「チュ」を期待するが実現したことなし（泣）。

つまらぬ脱線をしたが、家飲み作法第一条、

「まず専用盆を用意せよ」。

第一部　ビール

ビールの注ぎ方

家飲みには第一部と第二部がある。第一部はビールだ。ビールこそわが命。その日の酒の最初がビールでなかったことは一度もない。有名旅館やレストランで、食前酒にと手製の梅酒やシャンパンが一杯出されることがあるが決して手にとらない。その日最初のビールを飲む瞬間を人生の生き甲斐《がい》としているゆえ、その前につまらないもので喉《のど》を濡らすのは厳禁中の厳禁。「どうぞお先に」などと言われると「いらん！　はやくビール出せ」と声を荒らげたくなる（小人物《しょうじんぶつ》です）。

また昼の集まりや会食で、「ビール一杯いきますか」となっても「私はけっこう」と答え、ほかの方がうまそうに飲んでも平気だ。昼間ちょろりと飲んで、夜の大切な一杯の感動を弱めたくない。

家飲みももちろんビールからだ。しかしここで焦《あせ》ってはいけない。ビールは注ぎ方で味が決まる。

缶でも瓶でも、グラスに向け、できるだけ細い一条の流れを作り、次第に缶を30センチほどまで持ち上げる。そのとき流れを垂直一本に保つのが肝心で、ふらついてはいけない。心の動揺が流れに表れるので、精神集中が必要だ。

するとグラスの中は高くから注がれた勢いで白い泡がむくむく生まれて上がり、グラスの縁を越え、あふれこぼれると見た瞬間にぴたりと注ぎを止める。このとき、泡対ビールは八対二くらい。

そこで缶を置いてしばらく待つ。グラス内の水面が次第に上昇し、泡対ビールが四対六ほどになると、今度は缶をグラスの縁に当て、グラス内側をすべらすようにそっと注ぎ足すと、時間をおいたことで固くなった泡は塊《かたまり》のままぐぐーっと持ち上がり、グラスをはみ出してかなり盛り上がる。ここにマッチ棒をさすと立つ。それも落ち着いて、泡対ビールが三対七になったら飲み時だ。

何をしているか。

それは、ビールの炭酸ガスを活性させることで、閉じ込められていたビールの味を顕在化させる作業だ。生じた泡がビールの旨味をぐんぐん引き出す。その後の二度注ぎは、顕在化した味を今度は保つよう固い泡で蓋《ふた》をするため。ビールは表面が空気に触れると酸化して味が落ちる。つまり「泡で味を起こし」「泡で蓋をする」。

したがって缶ビールから直接飲むのは最もビールを知らない最悪な飲み方で、ビール会社のCMでこれをやって、プハーとか首を振るのはみんな間違い。タレントの顔と缶のアップを同構図におさめるためでしかない。

また料亭などでお酌され、泡が立たないようグラスを斜めにするのも、正反対の行為だ。お姐《ねえ》さんは「泡ばっかり」と言われぬよう、できるだけ泡を立てぬように静かに注ぎ、それを見ている私は「ああ、まずいビールになってゆく」とあきらめる。今は、そういう席で「お注ぎします」と瓶を向けられても、「いや、自分でやります」と瓶を奪い取って手酌するので雰囲気を悪くしている。

このようにビールは注ぎ方が命。確信させたのは、会社員時代に通った銀座のビアホール「ライオン」の注ぎ手第一人者・海老原清さんだ。その方法は、まずジョッキを斜めに当て、ビールサーバーのコックノズルから最大勢いで注ぎ入れてジョッキ内をダイナミックに一回転させる「対流式」。グラスを斜めにしてはいけないと書いたが、運ばれてくる樽生ビールをサーバーの最大圧で吹き出させるので、瓶からちょろちょろとは勢いが違い、すぐさま泡が盛大に盛り上がり、それを泡切りナイフでどんどん捨て、最後に今度はノズルを細くゆっくりコックした柔らかい泡をのせて仕上げ、ジョッキは外側まで濡れたまま即座にボーイに渡す。大量の注文を最速で仕上げ、一刻もはやく届けるプロの技だ。

運ばれてくる間にジョッキ内はどんどん変化する。いつしか私は、広いビアホールの一番奥、海老原さんの仕事が見える右奥机に座るようになり、あれが自分のと確認するようになった。たまたま作り終えた海老原さんと目が合ったときは「それ私のです」とうれしかった。

ビール注ぎを会得《えとく》した私は、五十代に大学で教えていた頃、四年次のゼミ生が決まるとその夜居酒屋に集めて、この技を披露《ひろう》して飲ませた。皆「うまい！」と目を見張り、「やってみろ」とさせるとうまくゆかない。そうして「なにごとにも技術がある」と先生らしいお説教も。卒業後も飲み会を開いて近況など聞くが、「社会に出て一番役立ったのは、先生に教わったビール注ぎでした」と言われたときはフクザツな気持ちになった。

プロも素人も、注ぎ方の意味は同じ。居酒屋でも家飲みでも、最初のビールを注ぐときほど意識を集中させる瞬間はない。

開眼はドイツ

私がビールに開眼したのは、二十代後半に出張したミュンヘンで入ったビアホールだ。古い大きなホールは満員。白の提灯袖《ちょうちんそで》ブラウスに、腰を締め上げた真っ赤な胸当てエプロンのチロリアン服女性が、大ジョッキを片手に三つずつ計六杯を軽々と運んでくる。

ググー……

そのうまさ！　香り、キレ、コク、爽快感。香りとは麦とホップ、キレは残したガスのほどのよさ、コクは、ビールは苦味だけでなく甘味があると初めて知ったこと。味わった後の喉越しの爽快感はすぐさま次の一口に向かい、なみなみとしたジョッキをおよそ三口で干し、さらに追加。たちまち四杯を空けたのではなかったか。

奥にずらりと並ぶ注ぎ手を見に立ち、どんどん運ばれる乾いたジョッキに、少々こぼれようが、どんどんサーバーから注いでゆく手さばきに見とれた。それは四畳半で小さなコップに「おひとつ」などと注ぐのとは大違いのダイナミックさ、健康さ。数人のグループがジョッキを振り上げて「♬アイン・プロージット（だったっけ）」と歌い出す健康さ。

すぐに満タンになった腹で入った男子トイレは、およそ10メートル以上も仕切りなく続く小便場に、男どもがずらりと並んでジョージョーと。そして、さあまた飲むぞとばかりに戻ってゆく。さすがは本場、ビールとはこういうものと知った。

東京に戻ってすぐ、ビール好きで知られる作家・椎名誠さんのエッセイで読んだ、東京駅八重洲口のビアホール「灘《なだ》コロンビア」へ行った。

名人と聞いた新井徳司さんの注ぐビールはドイツと同じ味がした。ここの生は私のあまり好きではなかったアサヒだったが、そんなことは関係ない、ビールのうまさは注ぎ名人の力だった。新井さんが亡くなられてだいぶ過ぎた頃、新橋に開店した「ビアライゼ'98」は、一番弟子だった松尾光平さんと聞き、早速出かけ、まぎれもない「灘コロ」の味を大いに喜んだ。

銀座はビアホールの街で、その代表は、さきほどの昭和9（1934）年開業、七丁目の「ライオン」だ。重厚なアーチが鋭角的に連なる天井、赤れんがの壁の大ホール正面は、大麦を収穫する女性たちを描いたガラスモザイクの大壁画。その前がビールサーバーの並ぶハイカウンターだ。名物は時間で焼き上がるローストビーフ。私はちょい醤油をもらう。その空間も味も日本一のビアホールと言えよう。

それと並ぶ存在だったのが名建築・交詢社《こうじゅんしゃ》ビルにあった「ピルゼン」で、こちらは天井に届く木の大樽がシンボル。私の勤めていた資生堂宣伝部はピルゼン派で、開店の五時が近づくと「先に行って席とっとけ」とよく出された。ほかにも、アコーディオンに合わせてドイツ語で歌われる、地下の「ミュンヘン」など、銀座には良いビアホールがいっぱいあった。

私は「ビールは一日の仕事終了宣言」と毎日飲み、今も続いている。

グラス問題

家飲み第一部・ビールがだいぶ脇道にそれてしまった。いよいよ飲もう。私は注がれたビールグラスを右高く持ち上げてしばし観賞、そして思い切って鼻を泡に突っ込み、一気にゆく。

ングングングング……

口に入れたら、口中の上下左右すべてにくぐらせ、舌の裏表隅々までまわす。舌は味を感じる味蕾《みらい》が場所によって違うので、ビールの味をすべて知覚するためだ。終えるとゴクリと飲み込む。そして、

プハー……

鼻と口から同時に息を吐き、最後の香り（ここでホップの価値）に到達する。ああうまい。

ビールを十全に味わうには、注ぎ方に次いで重要なのがグラスだ。

条件は薄く透明な筒型ガラスタンブラーであること。薄いのは口当たり、唇への接触を

よくするためで、薄ければ薄いほど、存在を感じないほど良い。透明はビールの色と、泡とビールの比率、飲み進めた残量を知るため。ハンドル付きのビールジョッキは量が入りすぎ、後半は泡が消えてまずくなる。ビアホールでジョッキを使うのは、大量にガチャガチャ扱わねばならぬためだ。

陶器や金物はすべて不可。ドイツあたりで、蓋付きの陶器ジョッキを見るが、あれは屋外で一杯を長時間飲むときにホコリが入らないようにするため。見た目はよいが実用にはならない。

また安酒場で出すビール会社名入りの小さなコップは小さすぎて向かない。あれはコップ酒のためのものだ。

私の長年の愛用グラスは、荒川区南千住の「松徳硝子《しょうとくがらす》」製「うすはりタンブラー」(L) 375ミリリットル、高さ13・5センチ、上口径7センチだ。その極限の薄さは電球用ガラス製造から始まったということで納得するだろう。薄いから扱いに注意しないと割れる。妻に割られたが、叱らず黙って新しいのを出した。カタチアルモノハスベテコハレル。

手に持つときは一番丈夫な底をそっとはさむ。胴をわしづかみなどは厳禁。またガラス面に手脂をつけないためでもある。ビールの泡をどんどん消す油気は禁物で、食べ物にさわった上唇をビールに触れさせぬよう、泡の下からすくうように口に流し込むのも技術だ。ともかく、泡を残すように残すように飲むことが重要。泡のないビールのまずそうなことよ。

こうしておおむね四口で飲み干すと、四筋の泡がリング状に残る。昔、飲み終えたグラスでその人のビール好きがわかると大語《たいご》していた。

飲み終えたグラスはすぐに洗う。ソフトに丁寧に、さらに水を張ってしばらく置き、酒の気を抜く。寝る前に水を捨ててひっくり返し、布巾《ふきん》などを使わず自然乾燥。翌朝しまうとき、ちょっと陽にかざして完全透明を確認し、今夜に備える。ビールグラスはものすごく大切にしています。

めんどくさいですな！　ああそうですよ。

ビールは何を買う

じゃ、そもそも、そのビールは何を買うか。

これは好みです。キリン、サッポロ、アサヒ、サントリーの四大メーカーも、個性豊かな地ビールのクラフトビールも、さらに輸入ビールも、今やいろいろある。

しかし私の条件は「ビールであること」。

ナニ言ってんだと言われそうだが、発泡酒のたぐいは買わないの意味。ドイツでは麦・ホップ・麦芽《ばくが》でつくったものだけをビールと名乗れると法律で決まっている。

なぜ日本にこんな擬似《ぎじ》ビールがつくられたかというと製造者の値下げ対策だ。日本のビールの税率はなんと40パーセント！　半分近くが税金でこれは世界一。諸外国はせいぜい5パーセント。ビール税は国税庁のドル箱なのだ。ならビールと認定されないすれすれの偽ビールで税率を下げようとつくられたのが発泡酒で、小売り価格はぐんと安くなる。

最近は発泡酒もけっこううまいよと聞いて飲んでみて、確かにそう思ったが、飲む理由は何もみつけられなかった。本物ビールに近づけた技術者の努力はたいしたものだと思うが、国税庁は大ヒットに目をつけて発泡酒の税率を上げ、売れ行きの鈍化したビールは少し下げた。さらに「第三のビール」も視野に入れて調整中という。ならノンアルコールビールからも税金とるか。

全く税務署のやることは！　そもそもなぜ税務署が酒を管理するのか。税収のために酒に目をつけ、人々の生活を潤《うるお》す大きな文化であることを認めようともしない。

いかん、ビールがまずくなってきた。

ビールは大まかにラガーとエールに分かれる。下面醗酵《はっこう》、上面醗酵の違いというが、日本で大多数のラガーは透明感のある黄金色のすっきりした飲み心地、エールはやや赤い色でコクがある。私は家飲み用に「ヱビスビール」と「ヱビスプレミアムエール」を箱買いして、その日の気分で選んでいる。夏はレギュラー缶二本、冬はロング缶一本。どちらかというとエール派です。ついでに書くと最も良い泡が立ち、よく持続するのは「キリン一番搾り」。

ビールはしょっちゅう新製品が出るので、そのつど買って試す。そして最初の一口で特徴がわかり、それが変わることはほとんどない。だいぶ間を空けてしばらくぶりに飲んでも、ああこの味だったとすぐに思い出せる。それはアルコールが5パーセントと低いためだろう。40パーセントと強いウイスキーは、味の特徴がわかるまで時間がかかり、微妙な差は私にはあまりわからない。

秋になると売り出す「キリン秋味」は毎年の楽しみで、アルコール度数6度とやや高めにコクを増す。この秋口頃に岩手に行くと「岩手産新収穫ホップ」の地域ビールが飲め、これはまた抜群にうまい。

北海道では、北海道限定「サッポロクラシック」が飲め、味わいは素朴豪快《そぼくごうかい》。サッポロビールの歴史は明治9（1876）年、札幌の官営開拓使麦酒醸造所から始まった。日本のビールの発展は北海道にあり、北海道の居酒屋は日本で最もビールの扱いに慣れているのはそれゆえだ。

平成元（1989）年、サントリーから発売された「ジアス」は、たぶん国産初のエールタイプのすばらしいもので愛飲を続け、サントリー広報の友人に誉めると、間もなく発売終了と聞いて絶句。「なんでだよ！」と激しく論難《ろんなん》し（すみませんでした）、以降箱で買い占め。最後の一缶を飲み終えたときは、しばらく空き缶を飾っていた。

変わらぬごひいきはヱビスだが、すばらしかった「ザ・ホップ」をはじめ「琥珀《こはく》ヱビス」「シルクヱビス」「プレミアムホワイト」など、どれも個性豊かでおいしいのに、限定というのか発売したりしなかったりで、その理由がわからない。

「ヱビス　with　ジョエル・ロブション　フレンチピルスス」はまあまあ、「香り華やぐヱビス」は口に合わず、なくなってもかまわなかったが。最近出た新製品、キリンの「スプリングバレー豊潤４９６」はシャープにクリアでなかなか良く、定番入りするかもしれない。うるさいですよ、私は。

以前、私のテレビ番組で「家飲み」をやったとき、エールビール三種飲み比べとなり、その味の差を「長澤まさみ、天海祐希、仲間由紀恵」と表現して笑われた。

外国ビール

では私の最も好きなビールはというと、それはチェコのビールだ。チェコビールは輸入が少なく「ピルスナーウルケル」ほか少しが、広尾の外国人向けスーパー「ナショナル麻布」にあるくらいで、たまに買っていた。

数年前チェコに旅行してさらに真価《しんか》を知った。地元のスーパーで小瓶を何種類も買い、ホテルの部屋で飲み比べ、いろいろ差はあるが、皆とてもうまかった。その特徴は、ピルスナータイプの爽やかな飲み口から立ち上がるホップの香りだ。この清冽《せいれつ》にして小苦く、濃厚なホップ香はドイツにも日本のビールにもない。

イギリス、リヴァプールのパブで飲んだビールも忘れられない。今は寂《さび》れてしまった、家並みもない旧港にぽつりとたつ一軒家。地下でつくっているというビール四種のコックを前に若い男が立つ。おまかせで出されたハーフパイントは、すっきりした喉越しでごくごく飲め、次に「アナザータイプ」と頼んだのはけっこう濃く、「ワウ」と声を上げるとニヤリと笑う。何かつまみが欲しいがつまらない袋物が下がるばかり。カウンターもベニヤ板貼りのしょぼい店なのに「イヤーズベストパブ」のディプロマが何年も連続して飾られ、イギリスのビール愛を知ったのだった。

ビールの中で異才は「ベルギービール」だ。修道院でつくられる「修道院ビール」もある。特徴はホップのほかに、スパイス、ハーブ、フルーツなどで独特の味をつくり、アルコール度数も10度を超えるものも。

これを知ったのは、ベルギービール専門のビアバー「ブラッセルズ」、さらにそこから独立した「ビター」だ。二階に上がる隠れ家風。はにかみながらにこにこ迎えてくれる美人オーナー西條さんとは顔見知り。あまり詳しくないので、いろいろある銘柄から選んでもらう。ベルギービールの特徴は、百以上ある醸造所がすべて独自のグラスを持っていることで、デザイナーとしてはそのデザインも楽しみだ。お気に入りは、「禁断の果実」ならぬお酒を知って楽園追放されたアダムとイブが裸で乾杯するルーベンスの絵をラベルにした「アダム&イブ」。その絵見たさにいつも注文し、「太田さん、これ好きですね」と言われ赤くなった。

クラフトビール

この頃発展めざましいクラフトビールも注目株。クラフトは「工芸」、手づくりの意味をこめる。

私が最も信頼するのは横浜の小さなビアバー「横浜ベイブルーイング」を開く鈴木真也さんだ。鈴木さんはチェコからの輸入ビール「ピルスナーウルケル」に感動して、二十六歳でチェコに渡り、師匠についてビール製造を修業。以降毎年チェコを訪ねながら、平成28（2016）年に戸塚に醸造所を開き、横浜の店で飲ますようになった。

「開港ラガー」「ベイダーク」など十一種もつくる中の代表「ベイピルスナー」は、輝く黄金色に、香りも、味も、キレよい喉越しも満点。使うのはチェコから取り寄せる「ザーツホップ」のみ。つくり方は三回に分けて糖化する「トリプルデコクション」というチェコの伝統的製法だ。注ぐのはチェコから持ってきた古いサーバーで、これでないときめ細かな泡にならないという。つくり始めて三年目でチェコ最大のビール審査会で金賞、以来受けた賞状ディプロマが店内を飾る。

自ら編集して「横浜クラフトビアマップ」を作成、今や横浜には三十数店のクラフトビアバーが生まれ、毎年ビール祭を開くようになった。まだ若く、目の澄んだ好青年の鈴木さんによってわがヨコハマはクラフトビールの街になったのだ。万歳！

過日私のテレビ番組で、北千住のビール専門店「びあマ」に選んでもらった三種は、それぞれまことに個性的。注目したのは「これは泡を立てずに注いでください」と言われたこと。まさかと半信半疑に試し、グラスのビールの細かい気泡がいつまでも持続するのを見て、これでうまさがどんどん顕在化しているから泡の蓋がいらないのだと知った。その三種の特徴を「石橋蓮司、竹中直人、田村正和」と言ったらあきれられた。

これらのビールはあまり一般的ではないため、家飲みに登場することは少ない。むしろ家飲みは「いつもと同じの」で安心するところもある。したがって、外飲みでは積極的にクラフトビールだ。

銀座の小さなビアバー「麦酒屋るぷりん」は国産クラフトビール専門で、「反射炉ビヤ」の「甲州微行《こうしゅうびこう》」「あやめホワイト」「頼朝《よりとも》」など珍しい様々を味わった。

ビールつまみ

最初のビールをぐっとやると、つまみに手が出る。

夕食時に一杯ではなく、「独立した夜ふけの家飲み」の肴は「火を使わない」簡単なものにする。さあ料理と台所に立つほどのことはせず、冷蔵庫から何か出して専用盆に置いたら、さっと風呂を浴びてガウンかパジャマに着替え、タオルを首にビールをググー、さあもう動かんぞ。

私の不動のビールつまみナンバーワンはソーセージだ。ミュンヘンのビアホールでビールの友の定番は茹《ゆ》で白ソーセージ＝ヴァイスブルストと知り、その相性に大いに納得した。ヨーロッパのホテルのバイキング朝食は、じつに様々なソーセージ、チーズ類が並び、中でも気に入ったのはソフトサラミだ。興味をもって見に行ったスーパーの肉売場は生肉は少しで、加工肉売場がはるかに広く、細いスティックから太さ20センチもあるものの薄切りまで、形も太さも中味もまさに壮観《そうかん》。やはり魚よりも肉、それも加工肉が食の中心と知った。以来とりこになり、スーパー・ナショナル麻布でスライスの量り売りを買っていたが、ここ何年か、ドイツ、スペイン、イタリアなどのパックセットが簡単に買えるようになり、それほど貴重品ではなくなった。

ソフトサラミは、肉と脂が細かいミラノタイプはよく練られた味がよく、白い脂も大きな粗いタイプのナポリサラミは実胡椒《こしょう》も混じって野性味がある。ミラノで食べたこれのホットドッグはうまかった。白カビのハードタイプサラミは硬い棒を切るのが大変だが、味わいはさらに深い。

すっかり定着したのは生ハムだ。カウンターで大きな腿《もも》一本を削って出すのは珍しく、こんなうまいものがあるのかと思ったが、今や輸入品をどこでも買え、味は千差万別。生ハムいろいろをメインにしたバー、居酒屋も増え、自家製を出す所もある。私見では大阪心斎橋の「バージャズ」で出すのが一番。

近年食品大メーカーではなく、欧米の本物の味を知った若い夫婦などが自力で生産を始めた本格加工の自家製ソーセージ・ハムはたいへん増え、見つけると買い、そのレベルはたいへん高く、応援したくなる。

一方、メーカー定番品「相模《さがみ》ハム」のポークソーセージ、薄切り八枚入りも重宝で、自家製ニンニク醤油にちょっとつけるとうまい。

このところ定番になったのはコンビーフだ。キャンプで使うようなイメージだったが、「千駄木越塚《こしづか》」のコンビーフを知って、そのうまさに驚嘆《きょうたん》。ほぐしてつまみにぴったり。熱々の白ご飯にのせてもいける。私はうまいものを見つけると人に送る癖《くせ》があり、東海林《しょうじ》さだおさんから「こんなうまいコンビーフは初めてです」とお礼はがきをいただいたのはうれしかった。

大きな缶詰肉「スパム」もいい。沖縄の家庭ではどこでも使うこれを知って、いかにもアメリカらしい大量生産缶詰の合理的なうまさを知った。これ入りのゴーヤチャンプルーなんていいですな。缶詰だったら「オイルサーディン」「アンチョビ」「牡蠣《かき》のオイル漬」など様々があり、スーパーで輸入品を選ぶのも楽しいものだ。缶をカパッと開けてそのまま置くのも、なにか男性的でいい。

少し値段が張るけれどローストビーフもたいへんけっこう。三枚くらいをホースラディッシュ（西洋わさび）でいただくと、今日は豪華だなーの気分になれる。この肉系に、種抜きオリーブの実を添えると緑が加わり、口直しにとてもよい。

もうひとつの定番は「スモークサーモン」。袋から出して横たわったピンク色はセクシーで（そんなこと考えてます）、これには、一手間だが瓶入りの辛い実「ケッパー」とレモン果汁が欠かせない。これも豪華気分が出ます。

ビールにはやはり肉系。サラダや漬物ではもの足りない。昔からビールに合う不動のトップは唐揚と餃子だが、家飲みでここまで出すと重すぎて食事になってしまう。第一部の肴は、市販品を皿に盛るだけの簡単さにしておこう。

不滅の定番

その一方、「何を言うか、ビールつまみは枝豆に決まっとる」派も多いだろう。もちろんその通り。ただしこれは妻に用意しておいてもらわないと叶わず、売っている茹で枝豆は敬遠《けいえん》だ。枝豆は湯気を上げる茹で立てを楽しみたい。

新潟の酒亭「久本《ひさもと》」で出す「おつな姫」「湯あがり娘」、名産黒崎の「茶豆」など、時季で種類を変える枝豆に「今日はどこの？」と通ぶって聞くうれしさ。莢《さや》の隅を少し切って茹で、塩味を加えるのが、枝豆に誇りをもつ仕事だ。隣県山形の懇意《こんい》にしている居酒屋が送ってくださる「だだ茶豆」は、妻が大喜びで茹でてくれ、食べ放題だ。豆はいくら食べても体によい。居酒屋へ行きたくなってしまった。家飲みだ。

もうひとつ、家飲みビールに登場するつまみ十八番は「柿の種」。

元祖、新潟長岡の大正12（1923）年創業「浪花屋製菓《なにわ》」は味はもちろん、大きな四角缶を一周する、田舎の子供が遊び、野良《のら》仕事を終えたお百姓が馬を引いて行くのどかな絵がすばらしく、私は缶をとってある。これも新潟「亀田製菓」は、柿の種とピーナッツの割合を「国民投票の結果」七対三に変更など話題づくりがうまく、青じそ、わさびなどバリエーションづくりも積極的だ。

さすが産米王国だが、そのピーナッツの味加減もたいへんよくできており、ぽつりぽつりとつまみ始めるとやめられない止まらない。指でつまみ、ぱんぱんと手を叩いて塩を落とし、またビール、こんなに簡単で良いものはない。

……てな調子でおよそ三十分、そろそろ第一部の切り上げだ。

第二部　日本酒

お盆まわり

ビールを終えた盆を下げ、第二部の開始。ここでさらなる小道具に触れておこう。ひとつは缶ビールやビールグラス、あるいはこれから使う徳利などを置く台＝コースターだ。バーでもらった紙製やコルク製などいろいろあるが、私の断然おすすめは、杉の間伐材を厚さ1センチほどに輪切りしただけのものだ。昔、かつて林業で栄え、酒樽製造日本一だった弘前《ひろさき》を訪れ、駅前の土産《みやげ》物店にあるのを買った。素朴なものだが、コースターに必要な吸湿性がよく、何よりひとつひとつ形も木目も違う野趣《やしゅ》がいい。缶ビールでも徳利でも、まことに座りがよく風格がある。

さらに松本の五月の「クラフトフェア」で、同様間伐材のシラカバ、アカシア、トチノキ、ミズナラなどの輪切りを売ってるのを買い、それぞれの木肌を楽しんでいて気がついた。日本には、秋田はスギ、青森はヒバのように県の木がある。それぞれの県木でこれを作れば売れるのではないか。東北六県セットなどもお土産として面白い。これはいけると、ある所に企画書を送ったがなしのつぶて……。誰かやりませんか。

いささか武骨《ぶこつ》というのであれば、布コースターがいい。紺地の織り木綿《もめん》はしっとりと、福岡で買った博多織のそれはきりりと、盆に情緒《じょうちょ》が出る。

あとひとつ大切なのはおしぼりだ。酒飲みは何かと指でつまむし、盃も濡らすゆえ、常に指や手を拭くおしぼりは必備。これは奈良で知った、奈良特産・蚊帳《かや》生地ふきんが最高峰。濡らして絞ったしっとりした指触りは、用がなくてもさわりたくなる。デザインもいろいろあり「吉田蚊帳」の「ならまちふきん」、「中川政七商店」の「花ふきん」。「白雪ふきん」友禅〝物語〟シリーズの「雪の女王」「くるみ割り人形」など夢いっぱい（私は少女趣味です）。ぜひお試しを。

日本酒の買い方

さて、第二部は日本酒だ。盆のビールグラスは退場し、新たに徳利と盃が置かれる。皆さんは日本酒をどうやって買っているだろうか。

ビールは決まったものがいつもあってさほど迷わないが、日本酒はじつに様々な銘柄があり、秋田、新潟、高知など産地も気になる。今の居酒屋は地酒の品揃えが売りで、大型保冷庫にずらりと並べて誇らしげ、「幻の名酒」もある。注文を聞かれ「なんでもいい」とも言えず、「お好みは?」に答えねばならず、つい聞いたことのある有名酒を言ってしまう。

しかしそれも慣れ、日本各地の酒の豊かさを知ってくると、がぜん居酒屋通いに「うまい酒に出合う」目的ができる。これにはコツがあり、酒をよく知って品揃えがよい、気さくな店に出合ったら、そこに通って試飲を重ね、店主と酒の話ができるようになること。

「先週あれだったから、今日は反対のタイプにしてみるか」

「だったら、これどうです」と奥から。こちらも通ぶって、

「お、よくこれ手に入ったなあ」

「太田さんこそ、よくご存知ですねえ」

そうして一口。

「さっぱりしているがコクは十分、バナナの香りがするな」

「けっこう燗温度上げちゃっていいんですよ」

と自己満足し合ういささかヘンタイマニアックな世界へ……。

居酒屋ならこれができるけれど、家飲みは自分で用意しなければならない。しかも居酒屋では一杯ずつ楽しめても、買った酒は一本全部を飲み終えなければならず、好みとはずれたときのリスクが高い。

ではどうするか。デパートの酒売場は有名銘柄ばかりで、居酒屋で味わっている良さそうなものはない。

買い方で私の得た結論は「居酒屋と同じ」。つまり、酒をよく知って品揃えがよい、気さくな酒販店を見つけたら、そこに通って、店主と酒の話ができるようになること。

「この前すすめられたあれ、うまかったよ」

「ああよかった、感想を知りたかったんですよ」

「似たタイプで何かない？」

「そうですね、これは滅多《めった》に入らないんですが」

　この伝。まずは店主おすすめでもいいから一本買い、後に感想を言えば好みがわかり、以降おすすめの基準になる。店は感想を言ってくれる常連客ほどありがたいものはなく、その人の気に入りは常備するようつとめ、仕事に張り合いが出る。こちらは、時々ちょいと顔を出し「何か面白いものある？」などと会話できるようになればベスト。つまり通って常連になった居酒屋と同じだ。

　私はなじみの酒販店にメールで注文する。私の単位は一升瓶。四合瓶では送料がもったいない。

　東北名酒は秋田の「酒屋まるひこ」だ。十年以上前、テレビ収録で初めて秋田を訪ねたが居酒屋の見当がつかず、繁華街川反《かわばた》通りのここに入り、おすすめの居酒屋を教わった。ついでに少し試飲しませんかと二、三杯いただいて秋田酒の特徴を知り、その後の収録にとても役立った。

　この経験から、どこの居酒屋が酒に熱心かは酒販店が一番知っていると学び、以降、初めての土地では酒販店で情報を得るようになった。

毎年末、お世話になった人の正月用に、これぞ天下の名酒、秋田の「美酒の設計」を当店から送っていただいている。ある年の暮れ近くに注文すると「もうありません」と言われ、ではおすすめをとお願いしたが、毎年礼状をくださる人がその年だけ来なかった（笑）。それに懲《こ》り、早い時季から取り置いてもらうようにした。今年もお願いします。

新潟酒は「早福《そうふく》酒食品店」だ。

はるかなる三十年も昔、日本酒に興味をもって仲間とここを訪ねた。

四十年ほど前の日本酒は、灘の大メーカーが各地の地酒を桶買いしてブレンドし、自社ブランドで売っていたのが大部分だった。その酒は個性がなく、まずく、アルコールで三倍に増やす三倍増醸清酒（三増酒）もあり、糖類添加でべたべたした日本酒はすっかり嫌われていた（この三増酒を奨励《しょうれい》したのが国税庁。税金さえとれれば質はどうでもいい）。

早福岩男さんは、新潟の小さな蔵をまわり、本物の日本酒をつくれ、それを誇りをもって自分の名で売れ、つくった酒はオレが全部買うからと叱咤《しった》を続けた。しかしなかなか売れず「先祖の田畑を売り払って」しのいでいたのが、あるとき、澎湃《ほうはい》とおきた「本物の日本酒は地方にある」という地酒ブームの先鞭《せんべん》となり、新潟を日本酒王国に導いた。

その選び抜いた「越くにの五峰」久保田・千代の光・越乃寒梅《こしのかんばい》・〆張鶴《しめはりつる》・鶴の友の四合

瓶五本セットは定番。私の気に入りは鶴の友で、古女房のような常備品。これを定期的に送ってもらう。

ここ二年ほど集中しているのは私の故郷、長野県の酒だ。昔はたいしたことはなかったが、「夜明け前」「佐久乃花」あたりから信州酒ルネッサンスのように名酒が生まれ始め、今や新潟、福島、長野は新酒鑑評会不動のベストスリーとなった。

私の姪の夫は大の日本酒好きで、送ってくれる酒から最近の信州酒の質の高さを知り、彼がなじみにしている上田の信州酒専門店「地酒屋 宮島酒店」に注文するようになった。

一本取り寄せるだけでは送料がもったいないから「まとめて注文」するのがコツ。私はいつも一升瓶六本。届いた大きな段ボール箱を開けて六本が並んだ豪勢さ。さあしばらく楽しめるぞとわくわくする。

このとき一、二本ほどは好きな銘柄を指定し、ほかはみつくろってと「おまかせ注文」する。例えば「新酒生酒のうまいやつ、いくつか」あるいは「燗に向く飲みごたえのあるもの、本醸造でもよい」など。

この「おまかせ」がまた大いなるコツで、プロの目利きの見せ所と酒屋主人を発奮《はっぷん》させる。こうして「大信州」「瀧澤」「十九《じゅうく》」「黒澤」「勢正宗《いきおいまさむね》」「澤の花」「豊賀《とよか》」「水尾《みずお》」などなどを知り、今や信州酒はほとんど知ったかと豪語《ごうご》（誰に？）。信州酒の特徴は長い間地下をくぐってきたアルプス伏流水《ふくりゅうすい》により「水が良い」こと。それは必然きれいな味になる。

さらに値段。居酒屋で出す酒は、だいたい仕入れ価格の三倍づけ。一升瓶一本・2500円ならば一合徳利一本・750円になる。これが家なら250円で飲める。どうです、これぞ家飲みの楽しみ。家で「これはどうかな」と開栓する期待感。専門家を知ればそれが可能になる。日本酒に力を入れる酒販店は様々な本で紹介されているのでのぞいてみたらいかがか。最初は能書きを言わず「すっきりした旨口」くらいでいいだろう。紹介した三店にもどうぞ電話してください。太田から聞いたと言えば話は通じるでしょう。

日本酒は正直

今、日本酒が史上最高の水準にあるのは、造り手も、酒販店も、専門家も、衆目《しゅうもく》の一致するところだ。女性も含む若い蔵人《くらびと》が一生を託せる仕事と打ち込んでくれ、どこの蔵もすっかり若返り、かつての後継者問題は解消した。

彼らの感覚は昔の頑固な（良い意味ですが）杜氏《とうじ》と違い、日本酒の縛りをどんどんはずし、あるいは大昔の手法を新鮮に見直すなど、経験や知恵を交換し合い、ともに良い酒を目指そうとする。その自由さは「こんな夜に…」「ビキニ娘」「夜の帝王」「タクシードライバー」など、遊び心あるネーミングにも表れる（これらは皆名酒です）。その姿勢は、「新政《あらまさ》」を中心とした秋田の若手酒造グループ「NEXT5」や、宮城の「DATE SEVEN（伊達セブン）」という集まりにもなっている。

この若い機運は「その年の米で一年に一回つくる」という日本酒の特性にあるからではないか。一年一回勝負、さあ今年のはというロマンが創造意欲をかき立てる。今は温度管理可能となった蔵は通年醸造もできるが、たとえ製品として安定していても、その管理者では「ものつくり」を味わえないという認識だ。

通年醸造で品質と大量生産を安定させて評判になった酒を味わい、確かにおいしいが、それは最大公約数のうまさで、日本酒の楽しみである個性やムラが感じられず、ファンになろうとは思わなかった。個性やムラを排《はい》したのだから当然かもしれないが。

米も買うのではなく、自家田で田植え、収穫、精米するのも珍しいことではなくなった。その米の種類も毎年変えてみるなど、常に新しい試みで新酒をつくり、だから毎年違う。酒好きはそれを追う。

さらに強調したいのは「日本酒は良いものをつくると必ず反響があり、よく売れる」というありがたさだ。銘酒居酒屋でも人気は刻々と変わり、注目酒はあっという間に飲ん兵衛に広まる。これは不思議なくらいだ。

若い杜氏は、米、酵母《こうぼ》、タイミングなど、日本酒は変化係数要素が非常に多いため、先が読みにくく、最後は「神頼み」。しかしこれがこの仕事の面白いところなのだそうだ。すべてがAI、データになろうとしている現代に、気候が左右する農業から出発した世界は貴重ではないか。

数年前、四谷荒木町の居酒屋「酒肴　タキギヤ」に現れた青年が、「自分がつくった酒です、よかったら店で扱っていただけませんか」と出したのが「田中六五《たなかろくじゅうご》」。店主の小林さんは「口下手の彼に同情して」くらいの気持ちだったが、その酒はすばらしく、すすめられた私は「へんな名前だな」と言って一口、二口。「こいつはいい！」「でしょう」となって、このエピソードを知ったのだった。今や酒飲みで「田中六五」を知らない人はいない。

宣伝や有名無名はすべて裸になり、品質だけが即座に評価されるこの正直な世界がうれしい。

ワインは

日本酒は毎年つくり、出来上がったらすぐ飲む。長期熟成で古酒にもするがメインは新酒。それを一年で飲み切ってまた新しく仕込む。その繰り返しが「今年はこんなのができた」という楽しみになる。四季が明確な農業国ならではだ。

強調したいのは値段の安さだ。ワインは一本、２５００〜３０００円あたりがおいしく飲める相場らしいが、日本酒一升瓶はどんな名酒でもせいぜい２５００円から３０００円止まり。それ以上になると不自然でかえって疑いたくなる。中味はワイン一本７５０ミリリットル、日本酒一升１８００ミリリットル。同じ値段で倍以上ある。知り合いのワイン好き夫婦に聞くと二人でだいたい毎晩一本空けるそうだ。日本酒一升は二晩半もつ。

だいぶ昔、ワインを知ろうと思い、詳しい酒販店に外国産・一本１５００円までを、赤白適当に十本ほど注文。おいしいのも、そうでないのもあった。次に一本３０００円にすると皆おいしく、このあたりが味わって飲める価格帯と知る。しかし気に入った銘柄の追加注文は、コンテナで大量輸入したもので、もうありませんと言われた。注文すれば手に入らなくもないですが、一本だけ輸入はちょっとと。

翻然《ほんぜん》と悟ったのは、ワインは好きな銘柄を定期的に買えるのではなく、今並んでいるものから選ぶしかないのだと。日本酒は酒販店に言えば一本でも取り寄せてくれる。蔵元に直接注文してもよい。すべて国内の話だから電話で済む。それがフランスだ、チリだ、カリフォルニアだであれば手も足も出ない。ワインは所詮《しょせん》、海外旅行ですれ違った美人で、恋人や生涯の妻にはなれないのだ。この飲み手の主体の無さはつまらない。

フ～ン、ワインの奥深さを知らないね、とせせら笑う人もいるだろう。ようやく手に入れたボルドー・シャトーナントカの2010年もの。この希少価値ある高貴な味を知らずして酒を語ってほしくないと。ワイン通の「ナントカの何年もの」を飲んだ自慢はよく聞くが嫌みだ。一本十万円もするワインなどと聞くと反発も感じる。日本酒にそんな不健全なものはない。

レストランでソムリエ氏に注文を聞かれたら答えはひとつ「うまくて安いの」。ではと用意された一瓶を「イタリア南部ナントカ地方のカベルネ・ソーヴィニヨンを……」と説明されても全く関心がなく、心は「はやく注げ」だけ。だって聞いてもしょうがないでしょう。憶えてもそれがまたあるわけではなし。値段も気になるので、今は「ハウスワインの白」と答えるだけです。

それが居酒屋では、並ぶ酒をじっくり見て、瓶を借りて裏書きも読み（日本語ですからね）、産地蔵元の風土を想像し（国内ですからね）、注文してじっと味わい、気に入ると憶える。そうして知ったうまい日本酒があると、どんどん人に送る。気に入ってくれたら後は自分で買ってね、それができますよと。

そんな居酒屋修業で知った「瑠璃色《るりいろ》の海《うみ》」「大観《たいかん》」「奥能登《おくのと》の白菊《しらぎく》」を各地の愛人とし、最近「勢正宗」とはねんごろ度が高い。ときに浮気を反省、古女房「鶴の友」にすまんすまんとお相手していただく。どうです、いいでしょう。外国人を愛人にするのはタイヘンですな。

愛人はともかく、これはおいしいなあと思ったらもう一度、あるいは座右《ざゆう》に置きたくなるのは自然なことだ。これうまかった、次のは、と飲み散らしてゆくのは「荒淫《こういん》」という気もする。ワインはどうすればよいのだろうか。どなたか教えてください。

そう言う私がワインはおいしいと知ったのは、目黒の名ワインバー「キッチン セロ」だ。美人女将の岩倉さん（現、浅草「ＬＡ ＭＡＩＳＯＮ ＤＵ 一升ＶＩＮ」店長）は、ぶどう園から訪ねる大の国産ワイン派で、長野や山形などのを「これ飲んでごらんなさい」と、ずいぶんおいしいものを教えていただいた。これなら注文すれば買える。いずれワイン派になったらそうしよう。

あくまで個人の好みだけれど、ぶどうからつくるワインはやはり果物の味で、穀類の米・麦からつくる日本酒・ビールに比べるとジュースっぽく、合う料理が限られてくる。刺身、豆腐にワインは合わない。チーズ、パンはワインにぴたりだが、日本酒にもぴたりだ。日本酒ほどすべての料理に合う酒はない。

今はそう感じているが、あと五年、八十歳も過ぎて日本酒が負担に感じてくれば、ワイン党になるかもしれない。そのときは多少高値でも「ボルドー・シャトーナントカの何年もの」にしてみようか。

ウイスキーは

酒の雄、ウイスキーはどうか。

サラリーマン時代に酒を飲むといえばウイスキー水割り。仕事柄、銀座や六本木で毎晩のように飲んだその水割りは、冷蔵庫の製氷皿で作ったカシュカシュの水っぽい氷をタンブラーに山ほど入れ、ウイスキーを垂らし、あとは水を入れてかき回すだけ。酒の味などどうでもよく、仕事の話に熱中していた。

一方、宣伝やデザイン業界にはウイスキー通が多く、そういう人はバーで「マッカランの12年、ロックで」などと銘柄指定して、グラスをちょっと揺すり、まず香りを嗅《か》いでうなずき、おもむろに含む。そして感想も言う。おりしもバーボンブーム、さらにシングルモルトブーム。話題はウイスキーのうんちくから、洋画と翻訳ミステリーとジャズ。

私とてけっこう、スコッチやカナディアンなどを飲んで「これはうまい」と勿体《もったい》ぶっていた。しかしバー通いを始めるようになると、ただ注ぐだけのウイスキーはつまらなく、バーテンダーの技量が発揮《はっき》されるカクテルに興味が移ってゆく。

ウイスキーはおいしいけれど強い。ワイン14度、日本酒15度、ウイスキー40度。ゆっくりちびちび飲む酒ではあるが、なんだか間がもたない。大きな氷一個を揺すって適度に伸ばしてゆくのは面白いことだが。

それでもたまにウイスキーを飲んでみるかと思ったときは、値段も安く飲みやすいアイリッシュウイスキーの「ジェムソン」「ブッシュミルズ」「タラモアデュー」などに決まっていった。飲み方はウイスキーと水が一対一同量の「トワイスアップ」だ。

てなことを金沢の名バー「倫敦屋酒場《ロンドンヤバー》」で話すと、名バーテンダーの戸田さんは、何かスコッチを一杯注いで、まず一口味見させ、次に水を数滴足して一口、次にバースプーン一さじの水を足す。

「最初から一対一じゃもったいないですよ」

ストレートはウイスキー特有の灼《や》けるような強さだが、水を数滴垂らしただけで、瞬時にフレーバーが広がり、やがて眠っていた味が目を覚まし、尖《とが》りが消えて口当たりが柔らかくなってくる。さらにスプーン一杯を加えて、それで一、二度かき回すと、無口無愛《ぶあい》想《そう》な男の顔が少しずつほころんでゆくようだ。そのある時点で「あ、オレはこれがいい」、これ以上薄くなりたくない、というのがわかったのはウイスキーと水が二対一くらいだった。それはアルコール度数25度くらいか。以来これが定着した。

こういうことを探りながらのウイスキー家飲みは面白そうだが、家に未封切りの名ウイスキーはいっぱいあっても手が出ないのは、私は食べながら飲むからだろう。あれこれ肴を置いて盛大につまんで飲むのに、度数の強いウイスキーは向かない。

薄い水割りやハイボールもあるけれど、ウイスキーは食べ物をおいしくさせる酒ではないようだ。やはり濃さはそのままに、じっと口に含んで噛みしめて味わうのがいい。口がもの淋しければナッツ程度。年齢が上がり、食べる意欲が薄れてくるとウイスキー家飲み派になるかもしれない。

私にとってウイスキーの最高の飲み方は、キャンプでたらふく食べた後、火勢《かせい》も落ち着いた焚き火を囲んで土に寝ころび、金属のシェラカップでちびりちびりとストレートを味わうときだ。バーでは大切に棚に飾られる高級な一瓶の豪華な箱は焚火に放り込まれ、裸の瓶がその辺にころがされる。野外は風も吹いてすぐには酔わないが、しかしウイスキーの強さで確実に酔ってゆく。その快感、あおぐ星空。

冷やか、燗か

そういうわけで、家飲み第二部は日本酒だ。飲み方は「お燗」。

日本酒は世界の酒にない「冷酒、常温（冷や）、お燗」の三つの飲み方をする。

古来から、日本酒は温めて飲むものだった。そこから飲み方の作法も生まれてきた。映画などで男が居酒屋に入り「酒、冷やでいい」と言うのは、本来お燗だが、はやく欲しいので省略でという意味だ。

かつて居酒屋で酒といえばお燗のこと。「酒一本、いや二本もらっとこう」は温めた酒の入ったお銚子《ちょうし》＝徳利の本数だ。これを酌して盃で飲む。屋台など細かい世話のできない店は、酒は瓶やヤカンで温めておきコップで出す。そのコップは冷めないよう（屋台は外風が吹いてます）かなり厚手のガラスで、同じガラスの受け皿とセットになっているのは、サービスで少しあふれさせるためもあるが、コップの蓋にして、酒が冷めるのを防ぐのに使う。

冷たい汁より温かい汁、冷や飯よりも温かい飯。なんでも温かい方が味が隅々まで発揮される。酒もまた同じ。はやい話が、同じ酒を冷酒、常温、お燗と飲み比べれば、一目瞭然《いちもくりょうぜん》だ。適度に温めた酒は、香り、味、コクが全開して口中を、鼻腔を満たし、いつまでも口にとどめておきたくなる。比べると冷酒、常温はいかに無口だったことか。論より証拠、ぜひお試しを。

私はどんな酒も、封切りするとまずそのままで飲み、そしてお燗する。冷たい方がよい「燗負け」するものももちろんある。しかし大部分は「燗上がり」して、おいしさが開く。

お燗の良さは、温かいためちびちび飲むところにある。冷たい飲み物は冷たさを味わいたいから、ある程度の量を一気にごっくんと飲み干す。冷たい水をちびちび飲む人はいない。燗酒は少量を長時間口に満たして、隅々まで味わい、よしわかったとゆっくり飲み干す。

これが最良の酔い心地をつくる。アルコールは体温と同じになってから、酔う効果を発揮する。冷たい酒はすぐには酔わず、ある時点で急激に酔いがまわるのはそのためだ。燗酒は始めから体温よりも温かく、ちびちび飲むのですぐに軽く酔い、一番よい状態の「ほろ酔い」が長く続く。

冷たい酒はある時点で急激に脳にくるが、燗酒はまず腹から酔ってきて、次第に脳も軟化させるおだやかさがある。少しずつ、じわじわと酔ってゆくのが燗酒の特徴で、長酒にもってこいだ。

したがって、時間無制限、マイペース自由の家飲みにはぴったりだ。冷たい酒をあおっている家飲みは不穏なうえ、どたっと酔いますぞ。

以上が、お燗派の言です。

燗酒の復権

江戸中期、世の中が安定して居酒屋ができ始め、明治・大正・昭和と、日本酒はお燗で飲むものと定着、それを前提に酒も仕込まれた。大戦時の日本酒不足を補うため、普通につくられた日本酒を醸造アルコールで三倍に薄め、糖類や酸味料などで味を加工した「三倍増醸清酒（三増酒）」がつくられたが、税収を保持したい国税庁は戦後もそれを維持するに至り、日本酒はべたべた悪酔いするとすっかり嫌われてしまった。当時、酒のこぼれた徳利はべったりと机に張りついたものだ。繰り返すが国は酒を税金徴収の対象としか見ず、偽の日本酒を奨励していたわけだ。

七十年代に至り経済が回復してバブル景気を迎えると、海外のウイスキーなども飲まれ始め、銀座や六本木がにぎわい、そういうまずい日本酒しかない居酒屋はすっかり場末《ばすえ》の哀愁《あいしゅう》オヤジのたまり場になった。燗酒は安酒の代名詞と軽蔑《けいべつ》され、映画やドラマでそういうシーンに使われた。

日本酒離れが続いていた八十年代後半に「本物の日本酒は地方にあり」とする地酒ブー

ムが澎湃とおき、さらにそれまで流通のなかった純米酒や吟醸酒のような高級酒が出回って日本酒は復権、蔵も本物高級酒の生産に舵《かじ》を切る。

酒好きは正直だなあと思わずにいられない。質が悪ければ離れ、良ければブームとなる。そこには仕掛け人はいない。

しかし弊害《へいがい》もあり、燗は安酒というイメージがあったから、良い日本酒は冷やして飲むもの、お燗しちゃもったいない、という誤った認識が一般化した。

私が日本酒を意識したのはその頃だ。

当時私が結成した「居酒屋研究会」は、昭和63（1988）年3月30日（ちゃんと記録が残ってます）、池袋にあった居酒屋「味里《みさと》」で、ラベルを隠して酒を採点する「ブランド利き酒会」を行った。会員で最も日本酒を知る藤田千恵子さんが用意した七銘柄から、ダントツになったのが「神亀《しんかめ》」だった。

後日、埼玉蓮田の神亀酒造を訪ね、専務の小川原良征《おがわはらよしまさ》さんに話を聞き、まあ飲めやと注がれたのが徳利ではなく、土間の石油ストーブに無造作《むぞうさ》に置いたヤカンに直接入れて温めている最高級大吟醸で、驚くと、いつもこうして味をみていると。

そうか、造り手自身が、その味の隅々まで検証するのはお燗だ。晩酌も必ずお燗で、いろんな料理との相性をみつけるのが楽しいと聞いた。

おりしもその前年昭和62（1987）年に、神亀は全国初の全量純米酒に踏み切り「燗してておいしい酒こそ、良い酒」を提唱。一方、酒造技術者として指導的立場にあった上原浩さんと共鳴。「酒は純米、燗ならなお良し」の名文句を生む。このフレーズに上原浩の名を入れた盃は、今も尊敬をこめて銘酒居酒屋でよく使われている。お二人はともに故人となられたが私は面識があり、豪快で真摯《しんし》な小川原さんにはずいぶん教えられた。

その神亀酒造で修業した石川達也さんが広島でつくり始めた「竹鶴」はさらに力強く、石川さんに頼まれて代表銘柄「小笹屋竹鶴」のラベルデザインをしたのは私の自慢だ。

自慢話はもういい、何が言いたい？

はいすみません。こういう造り手の啓蒙《けいもう》努力があって、九十年代には燗酒ルネッサンスとなった。日本酒の質の向上にともない、それまでの「哀愁オヤジのたまり場」だった居酒屋は、酔うためではなく、良い酒を味わって飲む所として、女性にも支持される業態に変身。雑誌の居酒屋特集は最も売れる定番企画になった。そこには数々の著作で居酒屋の魅力を発信し続けた太田和彦氏の功績も見逃せない。

――また自慢かい！　や、やめます（すごすご）。

燗酒名店

かつて酒はすべて燗で出された。居酒屋や料理屋で冷や酒を出すなど考えられなく、着物にたすきのお姐さんが盆に何本も徳利をのせて忙しく運び、一人で七本、八本と並べる酒豪客は、空徳利を持ち上げて振れば、すぐに追加が届いた。

居酒屋で大切なのが燗付け専門の「お燗番」だ。それは、酒をうまくする仕事だから。「あの人が燗する酒はうまい」と言われるからだ。

居酒屋の要《かなめ》になるのが燗付場。その日本一は、名古屋、広小路伏見交差点の三階建て、創業明治40（1907）年の居酒屋「大甚《だいじん》本店」だ。

入口のれんをくぐったすぐ左に、昔の大屋敷のようなれんがの大竈《おおかまど》が据えられ、二つの大釜に常に湯が沸く。右の釜は酒の入った徳利が十字に仕切られて何本も温められ、左の鍋は盃が温まって待機する。隣りには青竹タガもきりりとした「賀茂鶴《かもつる》」の白木四斗樽《しとだる》が据えられ、その木栓をひねって、錫の特大片口に受け、じょうごで七十本あまりの徳利に小分けする。不動のお燗番の奥様はじっと立ったまま、酒が温まりすぎぬよう、そして待たせぬよう注意をはらう。主人は広い店内に常に目を向け、注文合図があると、すぐさま温まっている一本を届けて、三十秒とかからない。

その酒は適温でじっくり温められ日本酒究極の絶品だ。常連の燗具合は熟知。名古屋ではぬる燗のことを「どん燗」と言い、「〇〇さん、どん」で注文が通る。酒は広島「賀茂鶴」の大甚専用タンクから毎日樽で運ばれ、四斗樽が一日で空になる。

東京では神楽坂の「伊勢藤《いせとう》」がすばらしい。酒は黙っていれば「白鷹《はくたか》」のお燗のみ。冷酒を頼むと「常温でよろしければ」とコップを置く。ビール、焼酎はない。

L字のカウンターが囲む板張り床の囲炉裏《いろり》はきれいに灰がならされ、自在鉤《じざいかぎ》に鉄瓶、脇に炭籠《すみかご》、火箸を置き、剃髪《ていはつ》、作務衣《さむえ》の三代目主人が端座《たんざ》してお燗番をつとめる。その作法は、真っ赤に熾《おこ》った炭火を囲んで灰に埋めた三穴の銅壺《どうこ》が要だ。中の湯に酒の錫ちろりを沈め、頃合いをみて指腹で温度を確かめ、今度は空徳利を湯で温め、そこにちろりの酒を注いで、ようやく客に届く。

お燗仕事が終わると膝に手を重ね、座禅のように動かず、主人から客に声をかけることはない。そのお点前《てまえ》のような動きを見ていると期待は高まり、一口含むと誰もが「ああ、日本酒はこうして飲むものなんだ」と納得する。

店は昭和12（1937）年の開業。先々代が自分の通っていた日本橋の居酒屋にならって始めたという。最初の建物は戦災で焼け、戦後そのままに再建したものだが、それでもすでに七十年近い。椿《つばき》の植込みを置いた玄関にかけた長いのれん、踏み固めた本物の三和土《たたき》。藁《わら》切り込みの荒木田土《あらきだつち》の壁、黒光りする腰板、柱、梁《はり》、白い障子を透かす柔らかい光は、あたかも旧家庄屋屋敷の如《ごと》し。壁の書額「希静」は初代の書。冷暖房はなく、夏は団扇《うちわ》を渡され、冬は床に石油ストーブが置かれる。昭和初期と何も変わらないたたずまいで、その頃と同じ酒が飲めるありがたさは、間違いなく文化遺産だ。

根岸の「鍵屋《かぎや》」は安政3（1856）年、酒問屋として創業。昭和初期から店の隅で一杯飲ますようになり、戦後本格的な居酒屋になり、江戸時代の家で酒が飲めると文士《ぶんし》や芸人に愛された。昭和49（1974）年、面する言問《こととい》通り拡張にともない、一本裏通りの、踊りの師匠が住んでいた古い家に移転。旧建物は建築遺産として小金井の「江戸東京たてもの園」に移築保存された。

石畳、分厚い楓《かえで》のカウンター、畳の小上がり座敷など、棟梁《とうりょう》がぞんぶんに腕をふるって内装した今の店内は、関東風の頑丈な中にも粋《いき》を見せ、古い東京をしのばせる。
カウンターに立つ主人の扱う六穴の燗付器は、移転前からの年季の入った銅製だ。保温性のよいアカ（銅）は燗やおでん艚《ふね》などに高級品として使われる。沈めた徳利を抜いて手を底に当て、場所を変えてまた沈めた燗具合はたいへん柔らかく、燗酒はいいものだなあと気持ちを落ち着かせる。このお燗仕事を目の前にするのを楽しみにやってくる客も多い。私はこの頃はカウンターよりも、畳座敷で昔ながらの座卓を前に、まるで家飲みのようにやるのが好きになった。

湯島「シンスケ」の開店は大正13（1924）年。酒林《さかばやし》（杉玉）が下がり、蹲踞《つくばい》に打ち水された玄関、湯島天神祠《ほこら》のほか余計なものは何もない江戸前のすっきりした店内の、カウンター正面には秋田「両関」の薦被《こもかぶ》りが二段に重なる。三代目主人はお燗番に徹し、縞《しま》のハッピ、頭に豆絞りの老練《ろうれん》、春風駘蕩《しゅんぷうたいとう》たる仕事ぶりは江戸の粋そのもので、居酒屋は燗酒を飲ませる所と主張する。客はここの常連であることを誇りに思い、過度な酔っ払いをゆるさず、話題はもっぱら相撲と落語。そのとき手にするのはやはり燗酒の盃がふさわしい。貫録《かんろく》のついてきた四代目がまことに頼もしい。

大塚「江戸一」も燗酒の名店だ。戦前は酒屋で飲ませ、戦後から居酒屋になった。コの字カウンターの要の位置に燗付台が置かれて女性お燗番が立つ。亡くなられた白割烹着《かっぽうぎ》の先代女将はその横に座り、注文を迷う客には立って「お燗にしなさい、こちらお燗一本」と伝える。酒は「白鷹」「泉正宗」「褒紋正宗《ほうもん》」など通好みが揃う。徳利は皆同じ白一色のものだが、ほかの客に出し間違えることは決してない。

私はここに「鶴の友」があるのを知ってそればかりになり、いつも「こちら、つるとも一本」と伝えられた。三本目くらいになると女将が自ら立って持ってきて「最近、来ないじゃない」などと一声かける。カウンターを囲む大部分は一人客の燗酒で（奥に机席あり）、私は巣鴨のお地蔵様生まれという女将の江戸っ子の威厳《いげん》を好んで静かに飲んでいた。

東京駅八重洲口の「ふくべ」は昭和14（1939）年に立ち飲みから始まった。カウンター前には鉄道起点駅前にふさわしく、日本全県の酒が一本ずつ並び、客は自分の故郷の酒に目をほころばす。長野県の私は「真澄《ますみ》」を注文。主人は瓶をとると、徳利にさした大じょうごの上で、使い続けて角がすっかり丸くなった一合枡に満たしてひっくり返す。その徳利をアカ（銅）の燗付器に浸けてしばし。上げて掌で温度を確かめ、布巾で一拭きしてカウンターの盆へ。一連の安定した動作を見ていると、酒への期待が高まり、最初の一杯を手酌する充実感になる。

「伊勢藤」「鍵屋」「シンスケ」「江戸一」「ふくべ」。

東京の名居酒屋の酒はどこもお燗が主役。居酒屋は燗酒を飲む所なのだ。

家ではどうするか

さてそれを家飲みだ。できるかな？　できますぞ。

「徳利・盃・箸・肴一品」を盆に置き、台所で「一升瓶・ちろり・温度計」を支度する。まず一升瓶をがっぽがっぽと揺すり、静かに眠っていた酒を醒《さ》まし、空気を含ませて軽くする。冷暗所で一年近くも静かに置いていた古酒などは千年の眠りから醒め、というほどではないが、よく寝たな、さあ起きろという気持ちだ。

ただし、火入れせず瓶内醗酵を続けている生酒は揺すると炭酸ガスを発し、蓋がスポーンと飛んだり、醗酵が活発なのは吹き出したりする。ビールと同じだ。生酒は瓶内で活動を続けて常に活性化しているので振る必要はない。

お燗は徳利でもよいが、ちろりをすすめる。ちろり（たんぽ）というのは、酒を入れて湯に沈める容器で、アルミニウム製、銅製、錫製があり、上等は保温性の高い錫。私は角野卓造さんにいただいたものを使っているが、それを売る京都の「清課堂」を訪ね、値段の高さに驚いた。

ついている片手ハンドルはヤカンなどに引っかけて湯中に浮かすためだ。ハンドルは持ち上げる手に熱くないように細い籐《とう》で巻かれ、良いものを長く使う京都では、この籐がほぐれてくると、持ってゆけば巻き替えてくれる。

沈めるお湯は深さが必要で、片手鍋だと湯をいっぱいに張っても、ちろりは下半分くらいしか浸からない。お風呂と同じで、腰湯ではなく首までゆったり長く浸かってこそ芯から温まり、湯冷めしない。私が使うのは背が高く注ぎ口のある青いホーローのポットで、ちろりのハンドルを肩にかけると湯に浮く。

徳利を立てると底が直接鍋底に当たり、火力が直に伝わって温度が上がってしまう。昭和35（１９６０）年の映画『人も歩けば』（監督：川島雄三）で、将棋好きの加東大介が盤をにらむかたわらの火鉢の鉄瓶お燗は、竹のへらを二本重ねて両端をしばった間に徳利の細首をはさんでぶら下げて鉄瓶に沈め、徳利の底を鉄瓶に当てず湯中に浮かせている。昔は紐で吊って浮かせたと聞いたこともあり、本当にこうするんだと知った。言わば「吊り燗」。お燗は純粋に湯の中にだけあることが大切だ。

燗酒は温度によって名前があり、日本人の感性の豊かさを知る。

30度　日向《ひなた》燗

35度　人肌燗
40度　ぬる燗
45度　上燗
50度　熱燗
55度　飛び切り燗

居酒屋でお燗を頼むと「へーいこちら、熱燗一丁！」と奥に伝え、慌てて「いや上燗です」とも言えず心配になる。燗酒のことを熱燗と言っているのだろう。「ぬる燗でいいですか」と答えられることも多く、あまり熱くしてはいけないという意識か、言葉がカッコいいのか。私はめんどうなので「45度」と答えると「お」という顔。行きつけだと「48度」と答え、ニヤリとされたりする。

これすべて勘でなく、温度計を使うからだ。昔は普通の棒状温度計を使っていたが、酒燗専用のが売られるようになり、ダイヤル式、デジタル式などあるが、私の使うのは日本計量器工業という固い名前の会社が作った「酒かん計」で、温度目盛りに「ぬるい」「のみごろ」「あつかん」と赤く書き添えられて親しみがわく。

お燗に温度計を使うようになって、居酒屋で「45度、いや47度かな」と過剰マニアックな迷いが生まれているのは、まあ笑っておくれ。前述の古い名居酒屋は、温度計などという野暮《やぼ》なものは使わず、湯温と自分の手が頼りの名人芸だ。

さて家では、ポットの湯が沸いたら火を止め、ちろりを沈め、酒かん計をさす。酒にもよるが、だいたい45〜50度くらいで上げる。お燗仕事で大切なのはその場を離れないこと。その間に皿を出してなどとやってふと見ると60度くらいになって大慌てする。お燗温度は上がり出すとはやい。

まだかなと、腕組みでじーっと見ている二、三分の時間は良いものです。

生酒燗

およそ三十年ほど前か。いわゆる地酒ブームを契機に、高級な大吟醸などが出回り始めると、良い酒は燗せず冷やで飲む風潮がおき、「この酒はお燗できません」と言い始める店も現れた。理由を聞くと「香りが飛びます」。

「バカ、香りを立てるために燗するんじゃないか」と言っても、酒を知らない客だという顔だ。

「お燗して飲んだことあるの？」

「いえ……もったいない」

試してもないことを強制するな。

しかしこれ以来、日本酒は冷蔵庫保存の冷酒で飲むのが普通になり、気取ってワイングラスで出す所も現れた。お燗を頼むと「燗できるのはこれだけです」と一番安いまずそうなのになる。燗酒など出すのは店の見識にかかわると言いたげだ。

この遠因《えんいん》のひとつは、蔵から出荷するとき「火入れ」すなわち醱酵を停止する低熱処理をせず、瓶内で醗酵を続けている「生酒」が、保冷流通できるようになったからだ。変化を防ぐため「生酒は低温保冷してください」と注意書きもあり、店の保冷庫におさめ、注文があると瓶を出して注ぐ。生酒独特のフレッシュなうまさが女性ファンなどをつかんだ。

その結果、良い高級酒は保冷庫で保存するものとされてきて、その必要のない火入れ済みの吟醸酒までそうするようになり、いつしかそれが日本酒の飲み方になってしまった。もちろん品質は保冷しておけば安定するので悪いことではない。しかしこれは保存法の話で、飲むときは別。

冷蔵庫のなかった昔は「冷酒」で飲むことはあり得ず、気温と同じ「常温」、もしくは「燗」。逆に言えば冷蔵庫の発達が、冷やして飲むという新しい味わい方を生んだ。

そうだよ、いいじゃないか、だから何だ、ですがもうちょい待て。

生酒を燗してくれと言うと、びっくりした顔をする。それはここまで神経を使って冷蔵搬送、保存したのを温めるなんて、それまでの苦労が水の泡じゃないか、という気持ちだろう。その通り、その苦労に報いてまずは一杯、冷酒でいこう。そして、お燗も飲もう。

生酒を燗すると醗酵中の炭酸ガスが刺激されて泡を吹き始める。中の酒はきっとびっくりしているのだろう。温度45度くらいで取り出し、ややあって盃から含むと、冷酒のキレのよいフレッシュさから、一斉に芳香《ほうこう》が立ち、口当たりは柔らかく、味はふくらんでほんわかと、あたかも寒い冬を耐えてきた蕾《つぼみ》が一気に花開いたか、恥じらう生娘をわが手で女に変身させたその風呂上がりの如き。これこそが生酒燗の快感……（表現自粛《じしゅく》）。

そんなことをあちこちで書いてきて、今は居酒屋で生酒を燗するのは珍しいことではなくなった。中には「やりますね」とニヤリとする店主もいる。

以来生酒燗派を続けているが、もちろん冷やしたままの方がおいしいのはいっぱいある。秋田の名酒、新政の「ナンバーシックス」がそう。昨晩飲んだ長野「夜明け前　純米酒澄《すみ》上《あがり》」の常温は、ぶどうのような香りがしっとりとすばらしく、お燗するとそれはやや消えて、いささか怒ったような硬さになってしまった。そうかと思いつつ、三、四杯目になるとその硬さは鎮《しず》まり、機嫌を直して「さきほどは失礼いたしました」となんだか女らしく成熟、三つ指をつくように変身していて驚いた。強引な湯責めに腹を立てたが、それが過ぎてみると、わが身が女らしく変わっていると自覚したかのように、これぞ生酒燗の極致かと……（自粛カード連発！）。

生酒には「おりがらみ」という、瓶内に醗酵過程で生じる白い「滓《おり》」が生まれているものもあり、醗酵の勢いを感じるが、瓶を立てておけば一週間ほどできれいに沈殿し、上澄みがすっきりと透明になる。これを澱を動かさぬよう静かに傾けて注いだものは、得も言われぬ澄み切った気品がある。何度も注いで濁ってきたらまた立てて一週間待つ。この上澄みを燗したことはまだない。してはいけないことのような気がして。

燗酒の技

最近、若手の居酒屋が燗酒を大切にするようになってきたのはうれしい。とりわけ大阪「蔵朱《くらっしゅ》」（現「マキショウ」）の大西さんは、単に「この酒の適温は」だけでなく、ちろりの熱燗を氷水で急冷して、もう一度温める「燗↓冷↓燗」の「急冷燗」。熱燗ちろりをはるか高くからじょぼじょぼと何度も注ぎ替える「オカンタージュ」など数々の技を開発して、あたかもお燗の魔術師。同じ酒がそれぞれの技法で千変万化《せんぺんばんか》するのを体験した。

お燗が普通なのは関西だ。それは、味にうるさい関西は料理が中心で、飲み方は料理を引き立てるお燗に落ち着くからだ。

他方東京は、まず酒を注文し、それは知ったかぶりのブランド主義で「これお燗しちゃだめ」みたいなことを言いたがる。料理の方はいつもの冷奴《ひややっこ》か焼油揚くらいであまり関心がなく、味も知らない。

家飲みお燗派が増えてきたのか家庭用の卓上お燗器もあり私も試したが、場所をとるのが大げさで使わなくなった。やはりお燗は、仕事として独立させ、居酒屋お燗番の如く立ってするのが好みだ。

さあ、酒がついた。布巾にとって机に運び、盆外に置き、椅子に座り直す。いよいよと気持ちがはやるが、ここは落ち着いて一呼吸。持ち上げたちろりを少し揺すり、それから徳利に三分の一ほど注ぐ。磁器の徳利よりも錫の方が保温性が高いので、酒を冷まさないためだ。さらにその徳利の首を持って少し振る。そしてようやく最初の一杯を盃に注ぐ。

もう気づいているかもしれない、この人はやたらと揺すり、注ぎ替えるなと。その通り、瓶↓ちろり↓徳利↓盃と四回注いだ。日本酒は揺すり、流動させるとうまくなるからだ。

注ぐ作法

最後の盃注ぎに作法あり（ウルセイな、はやく飲ませろ！）。
まず盃の真ん中に細く注ぎ入れ、そのまま盃内側に「の」を書くように右に注ぎ回して一周、最後に少し持ち上げて一、二度上下し、名残を惜しむ。徳利を盃に当てないのは器を扱う基本作法だ。

徳利の持ち方も作法があり、男は右片手で下半身を軽くわしづかみし、そのまま単純に左に倒して注ぐ。女性は、横からわしづかみでなく底の方から手を縦に優しく持ち上げ、左手を下に添え、盃にかぶせるように注ぐ。プロ、すなわちお座敷の芸者さんは、持ち方は同じだが、盃にそのまま持ってゆかず、裏返して逆手に、「おひとつ」と言葉を添えて注ぐ。左手は着物の右袖口を引き寄せている。

男が徳利の首先をつまんで注ぐのは貧乏くさく、左手をひじ顎《あご》にすれば、世をすねた売れない文士の雰囲気が出て、その後の「はあ〜」というため息が生きる。私も売れない文士だが、背筋を伸ばし姿勢よく飲むのが好きで、誰も見ていないがそうしてます。

ビールのときは右上だったが、日本酒の最初の一杯は盃の手を右下に伸ばし、しばらく表面を見る。そしてゆっくり口に運ぶ。

ツイー……

うまいですのう。

よくまあ細かいことをと失笑覚悟。しかし本書冒頭に宣言した「家飲みは美学をもて」とはこれだ。繰り返す「誰も見ていませんが」。

お燗した酒は最初の一杯よりも三杯目あたりからがうまい。いただきものの酒をお燗して、ふむこういう味かと納得し、いったん忘れた三、四杯目に「え、これうまいよ」と見直すことはよくある。これは温めた酒が落ち着き、香りよりも味の方が顕在化してきたからだ。日本酒ってうまいなあと思うと、つい盃に目を落とす。ここでがぜん、家飲みの真の主役は「盃」であると気づく。

常温や冷酒のときは盃は使わない。冷や酒を盃で飲むほど貧乏くさいものはない。

盃は常に温かいのを飲むためのサイズで、冷たい酒はその必要がないから大きな器でよい。ウイスキー用のガラスタンブラーはどっしりと落ち着き、また白木の四角い枡などはここぞ出番だが、私は単純な茶碗酒がいい。夏、庭向きの縁側にどっしりとあぐらをかき、団扇片手のこの酒はいいものだ（余計ですが、こんなときにワイングラスなんか持ち出すなよ、すぐ倒れるあれは大嫌い）。

冷や酒は瓶から直接茶碗に注ぐよりも、片口にとっておき、そこから注ぐ（流動の法則）。その片口は滑《なめ》らかな漆塗りも良いけれど、ここでは荒っぽい素焼き陶器のごつごつしたのが、どこか谷川渓流を思わせて好きだ。そこに紅葉の一葉でも浮かべよう。私は山国信州育ちです。

盃を選ぶ

長年日本酒を飲んできて、盃が味を左右することに気づき、良い盃は結論が出た。それは磁器の平盃《ひらさかずき》だ。

その反対は陶器のぐい飲み。土が素材の陶器は酒の味を曇らせ、筒形のぐい飲みは横腹をつまんで持つのが不安定なうえ、飲み干すときに顎を上げてのけぞる格好になり、女性には見苦しく、男も乱暴な「あおり酒」になる。

石が素材の磁器平盃は味がクリアで、指で支え持つ姿が美しく、外側に開いた縁の反りが唇を柔らかく受け、少し傾けるだけでスイと飲めて粋だ。この「受け口」が酒に色気を加え、酒は唇でも味わうものと知る。ベストは口径7センチほどの広めの浅い盃。香りがよく立ち、少し流れて（ここでも流動重視）口に入るのがいい。

これを裏づけると思ったのは、各地の酒蔵を訪ねて試飲させてもらうときは決まってこの盃であることだ。酒をうまく飲ませる容器はとうに結論が出ていた。小さいのは、たくさん飲まれては困るからだ。名入りの盃をいくつもいただいた。

最近居酒屋で、盃をざるなどに盛って、好きなのを選ばせてくれるのはうれしい。皆の口に触れるものだから、いろいろ取り上げず、じっとにらんで一つを選ぶ。何度も行く店だと「太田さん、前回もそれでしたね」と言われることもある。ざる盛りの盃は、かつてはぐい飲みが多かったが、最近は平盃主流になったのは、ある方の啓蒙活動がここに……（やめろ）。

西洋のワイングラスやタンブラーの縁はカットされたままで、グラスで味をふくらませる発想がないのは不思議だが、これは冷たいものを飲むからか。

お燗の最大特徴は、人肌温度が生む色気にあると思う。日本酒お燗ほどセクシーな酒はなく、盃の反った縁、受け口は唇を刺激して、キス＝くちづけを連想させ、そのとき冷たく乾いた唇よりも、しっとりと濡れて潤いをもって半開きされた温かい方がより一層濃厚な……（表現自粛）。

オホン。盃の持ち方は、人さし指と親指で軽くつまみ、残った指で底を支え、親指の脇からスイと飲む。器への指の接触面を少なくするのが上品、横腹にべったりと指をくっつけるのは下品になる（だからぐい飲みはだめ）。

これを、人さし指は浮かし、中指と親指で持つとやや無頼な雰囲気になり、肘を向こうに回し、中指親指の間から迎える格好でグイとやると車夫馬丁《しゃふばてい》の飲み方になり、膝を立てたくなる。

女性はぐっとしとやかに。まず右手でとって左にのせ、あらためて右の揃えた四本指にのせ親指で軽く押さえ、左は口を隠すように添える。茶道お茶事で、盆の箸を右手でとって左手に置き、次に右で下から持ち変えるのを「扱って」と言うがそれと同じだ。新潟の酒亭「久本」は現役芸者でもある美樹姐さんの店。地味派手着物でカウンター越しに注いでくださる姿、私のご返盃《へんぱい》を受けて飲む姿は、まことにあでやかだ。

昔の公家や貴人は、口径10センチほどもある、たいへん浅い朱塗り木盃の、外縁の端を握りこぶしの指先で持ち、一口ごとに侍女《じじょ》に差し出して注がせる。同様、もし宮様のような方が盃を手にされるのであれば、人さし指、親指でつまむのではなく、右端を持つのがふさわしいだろう（余計なお世話です）。

盃の楽しみ

二年前（2019年）の秋、日本橋髙島屋で開かれた地酒フェアにトークショーを頼まれて小一時間ほど話したことがあった。併せて私の盃コレクションを展示したところ、意外な好評で黒山《くろやま》の人となり、翌春の大阪髙島屋でもやると決まったが、コロナ禍で中止。同年秋の日本橋髙島屋も中止となってしまった。コロナよ、はやく去れ。

盃コレクションは、旅の多い私が、古道具屋の軒先に文字通りホコリをかぶっているものをこつこつ買い集めたもの。古美術商は値が張るので見るだけ。それがいつの間にかポリコンテナにいっぱいとなり、どれだけあるかはわからない。いずれも一個、200〜300円、高くても500円止まりの雑器ばかりだ。

印象では飛騨高山、滋賀長浜に多く、高山のよく行く店でわけを聞くと、中央から遠く離れた高山は昔からものを捨てない習慣があるという良い話を聞いた。その店は、私が松本でよく顔を出す居酒屋の主人も時々行くそうで、「ああ、あそこ」と笑い合ったことがあった。

京都は良いものがあるけれど値段はぐっとお高くなってガラスケースにおさまり、私などは手が出せなく、一つ8000円もするのは、上には上があると目の保養になる。

私は陶芸作家の作品とか各地の何々焼のような名品には全く興味がなく、いただきものなどでいくつもあった木箱入りも出し入れがめんどうになり、あるとき箱はすべて捨て、ほかとごちゃ混ぜにしたところ、全く出番はなくなった。焼物としては良いのかもしれないが、それで酒を飲んでもうまくないからだ。

中古品ばかりを買い集めて、次第にその絵柄の多様さに惹かれた。私の本職のグラフィックデザインは、作家の一点ものではなく、大量に印刷されて出回り、大衆に愛されることが目的で、それは作家の個人的世界とは違う美学だ。その目が利き始めた。髙島屋の展示では「盃は日本文化のあらわれ」と題して、次のように分類した。

(1)　花鳥風月《かちょうふうげつ》

山水、富士、水辺の鳥、小舟の漁師など、豊かな自然が盃に描かれ味わい深い。鯉《こい》は酒を注ぐと泳いでいるように見える。小さな盃に精密な絵を描いて世界観を表すのは日本文化の精髄《せいずい》。

(2) 物語

浦島太郎、牛若丸、忠臣蔵《ちゅうしんぐら》、二宮金次郎、養老の滝、翁嫗《おきなおうな》、旅道中など、よく知られた説話も題材に。一杯やりながら描かれた人物に思いを馳《は》せる面白さ。盃が物語の舞台になっている。

(3) 料理屋

料理屋などが店用に、店名入りで作ったもの。ひとつひとつ読むと味わいがあり、私はこれが一番好き。どれだけ多くの人がこの盃を重ねたかと思うと豊かな気持ちになる。この風習は復活してほしい。

(4) 詩歌

世界で酒器に詩歌を書くのは日本だけで、日本文化の奥深さをよく表す。細かい字を、ウンウンうなって読むのも面白い。読まれなくても、文字を貴《とうと》しとする日本人の感性と言えよう。

(5) 祝事記念

昔は祝いごとの宴《うたげ》に盃を作り、記念に持ち帰らせた。米寿、還暦、金婚、敬老会、誕生日、新築、出征帰還。第二深川丸進水式、消防組表彰、祝自動車ポンプ入庫白鷹町昭和38

年度、などほほえましい。この風習も復活してほしい。

(6)　派手な柄、特殊な仕掛け

小さな盃に思い切り豪華な絵をほどこす集中の美学。角に突起のある「鶯盃《うぐいす》」は飲むと鶯の鳴き声がする。中央にガラスの凸レンズをはめたものは、酒を注ぐと美人が見える仕掛け。のぞいて見てください。

実際にアクリルケースに鼻をくっつけてのぞく人が大勢いました。

壺中天《こちゅうてん》

惹きつけるのは描かれた物語性だ。若い頃は藍染一色の粋なものを好んだが、年齢とともに九谷などの派手好きになってきた。

とりわけ好きなのは(3)に分類した、料理屋で名入りで使われたのが閉店などで役目を終え、おそらく値段はつかないまま、十把一《じっぱひと》からげに引き取られただろうものだ。手もとにある「御池　角糸楼」は京都だろうか。「山崎　亀屋」「志の菊本店」はどこだろう。

宴会に、二人酒に、独酌《どくしゃく》に、どれだけの人がこの盃を手にしたことか。祝盃もあれば、惜別《せきべつ》の盃も。好きな女を口説《くど》いた、あるいはふられた苦い盃も。大勢の手にあって役割を重ねた盃が用済みでホコリをかぶっているのを、ご苦労さんだったと自分が引き取り、長年の客の列の最後尾となって最後の安住の地としてもらう。その世界を知ると、陶芸家の作品など吹けば飛ぶようだ。

手に入れるとよく洗い、大鍋で煮沸《しゃふつ》消毒。布巾に並べて干し、その夜の晩酌に上がる。盃も久々のご奉公《ほうこう》にうれしそうだ。

盃とはなんと良いものか。コンテナとは別に、普段使い五十個ほどが、自宅古箪笥《ふるだんす》の盃専用抽出《ひきだ》しにあり、今夜の酒を決め、それに合うのを選ぶのが楽しみだ。

花鳥風月で最も多いのは、外側を藍染山水画が一周し、酒を注ぐと中が湖になるもの。水である酒にやはり山水は合い、これが、小さな器に雄大な世界観を表す「壺中天」だ。

以前、NHK BSプレミアムの人気番組「美の壺」で盃を取り上げ、取材を受けたことがあった。そこで平盃の正面に富士を描いた盃に酒を注ぎ、これで風景が完成すると言うと大いに納得され、放送を見ると、その姿そのままに山中湖あたりにロケした映像がオーバーラップされ、うれしかった。「美の壺」は冒頭でいつも草刈正雄が小さなコントを演じ、その座敷にかかる額が「壺中天」。そこに触れてほしかったけどな。

余談だけど、今書いているこの本の女性編集者に、盃コレクションをカラー原寸で載せて解説を書くと文庫サイズにぴったりと出版提案すると、やんわりと「この本が売れましたらね」と言われた。売れますように。

詩歌を詠《よ》む

(4)に挙げた「詩歌」も奥ゆかしい。
梅の花に巻物の絵の二つの盃は絵柄は同じだが、巻物の詩文は少し違う。

梅の花にほいをう津す袖の下
梅の花にほいをう津す顔もなく

烏帽子《えぼし》水干《すいかん》の貴族が衣をおしいただく絵柄に、七言絶句《しちごんぜっく》が書かれる。

去年今夜侍清涼
秋思詩篇獨断腸
恩賜御衣今在此
捧持毎日拝餘香

昌泰《しょうたい》3（900）年、右大臣・菅原道真は、重陽節句《ちょうようせっく》の宮中歌会勅題「秋思《しゅうし》」に天皇の恩を詠み、御衣《おんぞ》を拝領《はいりょう》するが、四カ月後に大宰府に左遷《させん》された。一年後の重陽節句にこの漢詩を詠んで都を偲《しの》んだ。それを描いた盃だ。

側面に「李白詩」とある七言絶句。

　蘭陵美酒鬱金香
　玉椀盛來琥珀光
　但使主人能醉客
　不知何處是他郷

蘭陵の美酒は鬱金《うっこん》の香をはなち　玉椀《ぎょくわん》に盛れば琥珀に光かがやく
宿の主が旅人の私を酔わせてくれる　ここは他郷ではない

都・長安を追われた李白が三東地方を放浪していた頃に書いた「客中の作」。もちろんすらすら読めているのではなく、専門家に解読していただいた。

あとひとつ。裏に「米沢馬畜産組合・米沢公衆市場」とある盃は、即興狂歌《そっきょうきょうか》らしいが立派な内容で「志」には濁点がつく。

　酒を飲み飲み

貯める人　利巧志゙ゃ
長い浮世尓　短い命
貯め田金をば
社会事業尓
　つかはふ志゙ゃ奈いか

酒を飲み飲みお金を貯める人は利口だ
長い浮世に短い命
貯めたお金を社会事業に
使おうじゃないか

詩文ではないが好きなのは、白無地の底にとても小さく、

　君子
　誓子
　常子

と並ぶだけの、ほんの小盃だ。三姉妹だろうか。三人でこれを一つずつ持っているのは

うるわしい。

日本には「書道」という芸術があり、床の間などに絵ではなく書を飾り眺めるのは、日本だけのものだろう。日本人は文字に特別な敬意をもち「文字は人なり」の箴言《しんげん》もある。

盃はおそらく世界最小の器で、これ以上小さくては器としての意味はなくなる。その小さな盃に細筆で書ける極限の小さな文字を綴《つづ》り、酒を酌《く》む。これが文化でなく何だろう。

徳利の存在感

相棒の徳利はどうか。盃と徳利はあたかも牛若丸と弁慶。ひらりと身の軽い牛若に対し、弁慶は仁王立ちの強さだ。

徳利も盃同様、古道具屋で中古品を探すが、最近めっきり減っている。それでも五十本くらいは集まり、これも古箪笥に並べ、盃同様、今夜のを選ぶのが楽しい。

徳利は燗した酒の温度を保つための容器で、それゆえ厚手がよく、昔は木地に朱塗りの「はかま」をはかせたのも保温のためだろう。口の細さも保温と注ぎやすさだ。

大きく分けて二種。関東は肩の張った男っぽい筒型寸胴《ずんどう》で背が高く一合強ほど入る。関西は柔らかな撫《な》で肩が女性的な小ぶりで一合は入らない。黒澤明の痛快名作『用心棒』で、東野《とうの》英治郎が演じた上州の宿場の居酒屋は、典型的な関東徳利が並んでいたのはさすが。一方、京都を舞台に男と女がしっぽりやる場面では、小振りの徳利がよい小道具になる。女が一杯注ぐときは、何かねだるときだ。

「……ねえ、あなたァ」

「なんだい、言ってごらん」

コホン……。絵柄は盃よりも表面積が広いだけに描きでがあり、もちろん山水、四季の花、養老の滝、竹林の七賢《しちけん》……。形も丸、四角、三角といろいろだ。

居酒屋の徳利では、名古屋「大甚本店」で明治の開店以来使っているものがすばらしい。一合八勺ほどの太め寸胴に細い口。「松竹梅」の三文字を古い印璽《いんじ》のように象《かたど》り、絵が入る。古典的で格調が高い日本一の徳利だ。

私の手持ちでも、酒名の入った酒蔵提供のものは堅実に使いやすい。紺地に細い白縦線が繊細律義《りちぎ》に続く中に小さく「会津　ほまれ」と入るもの。白地に控えめな「白雪」ロゴ脇に描かれた小さな富士は、透明な釉薬《ゆうやく》を盛り上げて雪を表す。どちらも遠慮がちな酒名表示がいい。上半分に紺縞をまわした「清酒　カメノヨ」は私の故郷、松本の酒だ。酒蔵はまた徳利を作ってくれないかな。

作家の川上弘美さんからいただいた、成田山参道で見つけたという一本は、紺の太縦縞と細線の浴衣のような涼しげな柄に、鶴のようにしなやかに首の伸びる逸品。裏返した底に「立泉」と銘。これで飲む泉湧く一杯は特別においしいです。

珍しいのは、注ぐと鶯の鳴き声がする「鶯徳利」だ。京都の名店「祇園　河道《かわみち》」の若女将は、京都に多い路上骨董市《こっとういち》通いが趣味。そこで見つけた鶯徳利は、酒を注ぎ終えて持ち上げるときに吸い込む空気が笛を通る仕掛けで「ヒュー」と鳴く。満タンが最も鋭く鳴き、酒が減って中の空気が増えると細くなり、もっと鳴かせるには酒を追加することになる。「ははあ、売り上げ増進」と下卑《げび》たことを言う私に「風流のわからない人ね」という顔をされてしまった。皆さんここに行けば出してくれますよ。取り扱い注意。

それを知った後日、倉敷でいつも顔を出す大きな古道具屋の床にこれを見つけた。「これは鶯徳利」「そうです！　太田さん、よくご存知」と、たぶんずいぶん安値でいただき、わが家の宝物に。

また後日、故郷松本の神社脇広場の日曜がらくた市に見つけ、売り主はその価値を知らないらしく素早く購入したが、ホテルで落として割ってしまった。しかしきれいに割れたのでそっと持ち帰り、ボンド接着を試みたが素人では無理だった。そのとき見た断面は思いのほか細くくねって曲がり、けっこうな仕掛けなんだなあと職人の遊び心に感心した。

最近人気は、昔は鉄道駅で売っていた、酒銘柄入りの透明な一合ガラス徳利だ。大阪の名居酒屋「味酒《うまざけ》かむなび」には、ひさご形もある十種以上が並びまさに垂涎《すいぜん》。うらやましい顔をしたが「あげませんよ」と笑われた。

良さは残量が見えること。少なくなると大切に飲もうという気持ちがわく。ガラス徳利は価値を認められてないのか古物商にもまずなく、見つけたら即買いだ。私の持つ四、五本のうちの「民謡」は、たぶんもうその酒はなく、いかにものどかな地方性がいい。

夜中に一人、話し相手は徳利。いいものです。

肴を楽しむ

◆初級

しらす

家飲み第二部のお盆にのるのは徳利、盃、あとひとつはお楽しみの「肴」だ。

これは書き出すときりはなく、なに、スーパーで焼鳥でもポテサラでも買ってきて、置けばそれまでだが、ここは私の普段の品を、初級、中級、上級に分けて紹介しよう。

まず「初級」。こちらも第一部と同じに皿に盛るだけの常備品とする。私の常備三種は〈しらす・海苔・かまぼこ〉だ。

しらすはイワシの稚魚。プランクトン豊富な土佐湾はしらす漁が盛んで、水揚げされたばかりの生しらすを「どろめ」と言い、酒飲み王国高知は、毎年四月豊漁期の「どろめ祭り」で男は酒一升、女は五合を一気飲みして速さを競うというものすごいことをする。

高知の「ひろめ市場」に行くと、大きさと干し方で「ほとんど生・やや生・少し乾き・半乾き・乾き」とその差はデリケート。色も白銀から銀茶へと変わる。その「やや生・少し乾き・半乾き」の味の違いは驚くほどだ。

関東では相模湾が名産地。水揚げしたばかりの生しらすはとても足がはやい（すぐ悪くなる）ので居酒屋ではなかなか難しいが、鎌倉の居酒屋「企久太《きくた》」が、地元の名にかけて出す横須賀沖のがあればさすがの品だ。

静岡ならば大正12（1923）年創業の老舗《しにせ》「多可能《たかの》」は用宗港《もちむね》で揚がるその日のものしか使わず、透明な身はぴちぴちに硬く、何よりきらきらした眼がじっとこちらを見ている。しかしこれも午前中の漁次第。たまに行くと「太田さん、生しらすあります！」「今日はないんですよ〜」が山賊《さんぞく》ひげ大将の挨拶《あいさつ》代わりになった。

生の茹で立て〈釜揚げしらす〉は魚の風味が濃く、鎌倉や江ノ島では〈釜揚げしらす丼〉が人気定番だ。私もよくやるがこんなに簡単なものはない。

生を軽く干したいわゆる〈しらす干し〉はまだやや残る湿り気がよく、刻み浅葱《あさつき》や刻み海苔と和えると風味がよい。しらす干しは生野菜サラダに加えるとか、混ぜて卵焼きとか、もちろん大根おろしもよく、もはや調味料としても必需品だ。冷蔵庫でも日もちしないので、自分で少し天日干しして水分を飛ばすと乾いた〈じゃこ〉になる。

〈ちりめんじゃこ〉の薄い塩加減、手軽さは常備肴の王者か。これを指でつまみながら一杯やっていると、湘南の海を思い起こし気分は健康的に。おすすめは兵庫産の〈かちり干し〉で、生わかめやサラダに和えるなど万能だ。

赤坂の居酒屋「とど」は大分県直送品ばかりの本物の郷土居酒屋。女将からいただいた〈日向ちりめん〉大袋はカラカラに乾いてやや硬いので、さっと水通ししてタッパー保存すると柔らかくなり、見違えるように味が立って楽しめた。またください。

じゃこの成長した〈いりこ＝煮干し〉も家飲みのつまみにすすめたい。4センチくらいのを指でつまんでかじるのはいかにも男っぽい飲み方だ。苦い頭はとるが、その残った頭も最後は口に放り込んで、手をぱんぱんと叩く。

すべての出汁に煮干しは要で、私は金沢近江町市場で何気なく入った百年の老舗「昆布の比賀《ひが》」で、ともかく最上級をと買って以来、今は電話で取り寄せる。いつか電話すると声に憶えのある年配女性が「あんときのはもう入って来ないのよ、ちょっと落ちるけどいい？」と親切な対応がうれしかった。昆布は北海道旭川「独酌三四郎」の日本三大美人白割烹着女将が利尻昆布をくださいます。御礼申しあげます。

つまみとしての煮干しは、ほどよい塩加減と、魚一尾の丸ごとカルシウムという安心感だ。体によいものを食べている実感は酒を安心させる。

海苔

海苔も常備品の王道。かつては大森海岸、今は佐賀が名産地だ。

海苔だけは安物は避け、高級品を常備したい。ちょっとした小鉢は刻み海苔ぱらりで風味がつき、お蕎麦《そば》やラーメンにも欠かせず出番はあまた、海苔の上等がいつも生きる。スーパー惣菜に鉄火巻やかんぴょう巻があるとつい手を出すのは、「海苔と飯」この鉄壁《てっぺき》の相性を味わいたいからだ。もちろん〈海苔むすび〉、さらに海苔と削り節を二段にした〈海苔弁〉など、海苔は日本人の食の大いなる仕上げ品だ。

私は有明海産「藝州三國屋」の「焼寿司海苔」が近所で手に入り、これをそのままちょっと醤油で肴にする。べたりでなく「海苔の醤油は縦につける」は山本益博《ますひろ》氏の名言。何もないときに高級海苔は便利で、常にこれがある安心感は大きい。

せっかちな江戸っ子はストレートに焼海苔で一杯だが、居酒屋にそれはなく蕎麦屋にある。どちらも老舗、神田「やぶそば」、浅草の「並木藪蕎麦」は〈焼海苔〉という立派な一品として箱で出し、並木藪蕎麦の箱は二段で下に炭火が入る。蕎麦をたぐる前にちょいと一杯の「蕎麦前」は粋なもの。これを家でやる。切った海苔にやや辛味のある味をつけた韓国海苔も手間いらずだ。

私のおすすめは名づけて〈市松チーズ〉。チーズを海苔ではさむ。終わり。カマンベールやゴーダなど高級なナチュラルチーズは合わなく、安いプロセスチーズがいい。前述「海苔だけは最上を」がここで生きる。これはチーズよりも海苔を味わうもの。指持ちがよくて簡単。簡単すぎるので名前はしゃれたつもり。扇形の雪印6Ｐチーズを海苔で畳むと〈雛《ひな》チーズ〉になります。お試しを。

繰り返す、海苔は上等を。

かまぼこ

かまぼこは値段で決まる、値段が高いほどうまい。名産地・小田原の、名店が並ぶ「小田原かまぼこ通り」にある創業天明元（1781）年の「鱗吉《うろこき》」は、すり身を板に盛る板付きを最初に作った老舗で、当店最高級はグチ100パーセントの3742円也。私にはとても手が出ず、買ったのはグチ80パーセントの特上1872円。

ここは隣りで、神奈川地酒十三種で一杯やれる街道のちょい飲み処をやっていて、「かまぼこは厚く切らねばおいしくない、15ミリがベストです」の店主の言葉に、家でもこうしている私は大いに納得。肴にとった特上880円は、その15ミリ厚が四切れ。いやそのうまいこと。本物のかまぼこに出合えた喜び満喫。

ところが東京の高級デパートもスーパーも、高くてもせいぜい1000円くらいの安物ばかりしかないのは不思議だ。かまぼこは居酒屋では〈板わさ〉として出されるが、たいしたものはなく、海苔もかまぼこも老舗の蕎麦屋が良いものを使って安心だ。

東京でかまぼこがうまい居酒屋は根岸「鍵屋」で、どこそこの製品というよりも、刃が波打つチーズ切りナイフで切り面をギザギザさせ、醤油がよくからむようにおいしく食べさせる。

小田原の「鈴廣《すずひろ》かまぼこ博物館」を訪ねると、昭和34（1959）年、当時の皇太子殿下・美智子妃殿下の御婚儀祝賀弁当の見本が展示され、やはり紅白かまぼこが入っており、宮家でもそうなんだと思った。別室の一般応募「かまぼこ板アート」も面白かった。

先日、創業百五十年の老舗「丸う田代」が倒産と聞いたときは驚いた。食べ終えて残る、メーカー焼印のある柾目板《まさめいた》が、私は木好きゆえ捨てられず、乾かして晩酌の徳利を置く台にしたりしている。○に「う」の字のは貴重品となったか。皆さん、かまぼこを大切にしよう。メーカーは遠慮せず高級本物路線で行ってほしい。

以上かまぼこ愛だが、高級品ではなくてもしっとりした歯ごたえは燗酒にはぴったり。板付きのまま盆に置き、15ミリに切りながら食べる。板一枚買えば三晩くらい飲める。上等なわさび漬があれば言うことなし。

わさび漬について言えば故郷自慢で、穂高安曇野《あずみの》産を使う信州松本の「小口わさび店」が私のベスト。静岡は名産地だが「酒粕に刻みわさびが入っている」、小口わさび店のは「刻みわさびに酒粕が入っている」。松本に行けば必ず買う三十年以上のつきあいだ。

そのわさび漬の、ツーンときて十五秒ほど失神する辛さよ！　冷凍保存できるので500円の小パックを五個ほど買い、半年ほどして「お、まだあったか、かまぼこ買って来い」とうれしく、辛味は変わらない。

小口わさび店内に飾られる額、長野県歌「信濃の国」歌詞の細く清雅《せいが》な筆字に魅了され、あるとき尋ねると「母の字です」と教えられた。母上は筆を能《よ》くし、包み紙や品書きの字も書いていた。私はデザイナーとして筆字を使うことがあり、拝顔《はいがん》したこともあるので何かのときにお願いしようと思っていたが先年亡くなられてしまった。しなやかな筆運びはわさびの気品にも通じていた。

またあるとき店内に、俳句会仲間である古美術鑑定家・中島誠之助さんの色紙が掲示されたのを見て、東京での句会でうかがうと、「あそこはいい仕事してます、七星（私の俳号）さんの故郷でしたか」と驚かれた（ちなみに中島さんの俳号は「鑑定士」）。

先日帰郷した折、思いついて作家の平松洋子さんに小さいのを送ると「昔、何気なく入って買い、その味に驚きました、さすが地元の太田さん」とすぐメールをいただいた。それは逆、「さすが」は平松さん、驚いたのは私でした。また送ります。

――かまぼこが、わさび漬談義になってしまいました。

三大珍味

以上の常備品三種〈しらす・海苔・かまぼこ〉はどこでも買える。

一方、日本酒の肴には〈うに・このわた・からすみ〉の三大珍味というものがあり、こちらは滅多に手に入らないが、あればがぜん、豪華な家飲みとなる。

〈うに〉は生うにではなく塩で練った塩蔵品《えんぞうひん》で、福井を発祥《はっしょう》本場とし、下関など各地で「雲丹」と表記して瓶売りしている。私の母は長崎出身で、戦後の物のない頃、信州（りんごなど）と長崎（みかんなど）を小包で送り合っていた。長崎からの中に時々「雲丹」が一瓶あり、酒好きな父は大喜び、私もなめさせてもらい味をおぼえた。小包には佐賀有明蟹の塩辛「がに漬け」や佐世保の「九十九島《くじゅうくしま》せんぺい」も入っていて、母はいろいろある長崎に比べ、長野には送るものがないと嘆いていた。

よって好物となったが、これの第一は、博多の名居酒屋「さきと」で出すものだ。品は主人の出身地・長崎崎戸島産。そのうまさは、口に含むとじーんと味わって次の酒の手が止まる。鮮魚卸《おろ》しで修業した目利きによる魚料理は皆すばらしく、メインはそちらでもこれだけは必ず置いておく。主人は「故郷の味の誇りです」ともらした。私にもそうかもしれない。

〈からすみ〉はボラの卵巣を塩漬けして天日干ししたもので「唐墨」と書く。この真価を知ったのは三十年以上前、資生堂のデザイナー時代にロケで行った和歌山県白浜で、撮影を終えた夜に入った「長久酒場《ちょうきゅう》」だ。仕事日誌には〈昭和61年1月20日　昼に魚屋で聞いておいた酒場・長久に行く〉と書いてある。昼に魚屋でどこかいい居酒屋はないかと聞いておいたのだ。

女将・浦辺トシエさんは年中無休で当時六十六歳の働き盛り。三十年前、何も知らずに居酒屋を始めたのを心配した地元漁師が教えた調理による地魚料理は、私には知らぬものばかりで興奮させた。中でも手づくりの〈からすみ〉は、銀座などの高級寿司で勿体ぶって出すものとは全く違う、味の濃さ、強さ、品格、大きさ、が備わった、ほかと比較しようもないすばらしさだった。

地方の居酒屋レベルの高さを教えた長久酒場は、以降の地方居酒屋めぐりのまさに原点となり、そういう連載も始め、雑誌『ｄａｎｃｙｕ』で取材にも行き、今や私の肩書きは「居酒屋探訪家」だ。

いつからか毎年暮れになると浦辺さんからからすみが届くようになり、私が正月帰省する長野で、まだ元気だった父への最良の土産となって「こういうものは少しずつ味わうからいいんだ」と目を細めた。平成15（２００３）年暮れのからすみには、珍しく浦辺さんが文を添えてくれ、それを最後として翌年亡くなられた。その手紙は大切にとってある。

店は孫の小森豊之さんが継ぎ、その後訪ねた私に「和歌山沖のボラは最上」「からすみは乾きすぎてはいけない、湿度が大切」と苦心を語った。今も送っていただき、毎年正月元旦に出して浦辺さんを思い出す。

皆さん、日本一のからすみを味わいたかったら和歌山へ。

次は〈このわた〉。

「このわた」は、なま「この」はら「わた」。ナマコ（海鼠）の腸の塩辛だ。古書『和漢《わかん》三才図会《さんさいずえ》』や『本朝食鑑《ほんちょうしょっかん》』にも書かれる、古来から酒飲みを魅了してきた珍味で、その腸は糸のように細長く、独特のエグ味が泣かせどころとなる。高価ゆえに居酒屋には出ず、私が初めて知ったのは富山だったか福井だったか。まさにこれさえあればなんにもいらないの代表と思った。やはり貴重品を正月、父に持って帰ると「これがこのわたか」としばし眺めて口に入れ、着物の腕を組み、ウンウンと味わってくれた（親孝行でしょ）。

以来北陸の居酒屋の楽しみとなったが、「魚のわたの塩辛」でひとつ特記したい。

それは〈うるか〉、鮎の内臓の塩辛だ。島根あたりでは瓶詰があり、やはり酒飲み泣かせだが、益田にある日本一の郷土居酒屋「田吾作《たごさく》」で、その神髄を知る。

益田を貫流する日本一の清流・高津川はまた日本一の鮎で知られる。そのぴちぴち跳ねている活き鮎を中骨ごと薄く切る〈背ごし〉がどこにもない名品で、そのとき取り出した生きている赤い内臓に軽く塩をしただけの〈活うるか〉は、貯蔵のきくようにした瓶うるかとは別もの。その味は、遠い益田に初夏に訪れないと味わえない「高貴な苦味」。かつて編集者仲間と遠征したとき、一人は小皿を捧げ持って泣き出した。これこそ日本最高の珍味である。

野菜のとり方

と、自慢しまして（すみません）、家飲みの肴・初級篇に戻ります。

野菜をとろう。角野卓造さんの酒は常にトマトが座右と聞いて真似するようになった。今はおいしいフルーツトマトがたくさんある。良いトマトは小さく重く、頭がとんがって皮が硬く、太陽の匂いがする。戌《いぬ》年生まれの私はなんでも嗅いでみる癖があり、トマトもこれで一発だ。

その最高峰は、「ニッポン居酒屋放浪記」高知篇取材で知った高知・徳谷《とくたに》のトマト。値段はかなり高いが、毎年時季になると一箱送ってくださる方があり、白い薄紙で包まれたのを一日一個の数日が続くのがうれしい。今年もください。

家飲み野菜の私の定番は、生野菜を生味噌でばりばりだ。きゅうり、ピーマン、かぶ、ときに人参。これほど簡単でよいものはなく、勝負は野菜の新鮮さ、八百屋で品を見ればわかる、匂いを嗅げばなおわかる。青々としたきゅうり丸かじりは畑の味、最近多い初夏の肉厚ピーマンなんかいい。かぶは葉っぱを茹でればお浸しになるが、これは妻に頼もう。

添える味噌だけは皆さん出身地のご当地手前味噌。私は信州松本「大久保醸造店」の「万葉乃里」。ちなみに松本の蕎麦屋は大久保醸造店の醤油を使うのが鉄則です。

葱《ねぎ》もいい。福岡の細い万能葱を折り畳んで味噌ちょい。戦後の信州の実家は貧しく、父の酒の肴は農家にいただいた、松本では「生葱《き》」という若く細いのを味噌で食べるばかりだった。子供の私は母から「葱を食べると頭が良くなる」と言われてせっせと食べた。その効果はなかったが、おかげで葱は大好物になった。

玉葱を忘れるな。大衆居酒屋の品書き最後にひっそりとある〈オニオンスライス〉通称〈オニスラ〉は、薄切り玉葱を水にさらして削り節をかけ、醤油をまわすだけの、男どもの隠れた定番。モツ煮込みによく合う。

池袋西口の老舗居酒屋「千登利《ちどり》」はカウンター角に湯気を上げる大鍋〈肉豆腐〉が名物（うまいです）だが、意外な人気が、かぶを切って味噌を添えただけの〈生かぶ〉だ。男は案外生野菜が好きなんですぞ。

横浜野毛《のげ》の実力名店「小半《こなから》」は新鮮な刺身も料理もすばらしいが、それプラス必ずとるのが〈生野菜盛り合わせ〉で、例えば「谷中生姜・もろきゅう・エシャレット」。これを合わせた味噌でいただくと、刺身などの口直しにぴったりだ。ついでに〈セロリ浅漬〉も人気。無口大柄な好漢《こうかん》主人、美人奥様もすてき、仲良くしてくれたかわいいお嬢ちゃんは高校生になって、口をきいてくれなくなりました（泣）。

居酒屋に生野菜は案外置いてなく、これではお金はとれないと、ドレッシングでサラダなどにしてしまうが、日本酒党には余計。素のままでくれ。

佃煮

さてもう一品、私の家飲み第二部・日本酒篇のつまみ好物は〈佃煮〉だ。

佃煮は作る店の味に特徴があり、いろいろ買ったが、私は谷中の「中野屋」に定着した。

東京で好きな町といえば、谷根千《やねせん》＝谷中・根津・千駄木。寺が大小七十あまりと多いゆえに町並みが変わらず、昭和の落ち着いた暮らしが残って、最近はそれを愛する欧米人も大勢住んで良い雰囲気をつくっている。「夕やけだんだん」が人気の商店街に居酒屋もたいへん充実。爽やかな五月の風に吹かれる頃は最高で、屋根付き飲み屋横丁「初音小路」に向かう。

略称「谷根千」は「谷根千工房」をつくり、地に足のついた地域雑誌を発行し続けた作家・森まゆみさんのネーミング。社会意識が高く、行動的で、勉強家で、名文家の森さんは私の最も尊敬する方。そのうえお酒もいける口、初音小路のひいき居酒屋「谷中の雀」にご一緒したときはうれしかった。コロナが消えたらまたお願いします。

その途中、幕末上野戦争で彰義隊《しょうぎたい》をかくまい、山門に銃弾跡が残る「経王寺《きょうおうじ》」の向かい、大正12（1923）年創業の「中野屋」は昔の看板建築のまま、白タイル腰壁の大きなガラス棚三段に並べた大皿にいろんな佃煮が盛られる昔ながらの量り売りがいい。

味は甘くない醤油本位。アサリ、小海老は定番、時季のモロコやハゼ、近所に住んでいた古今亭志ん生《ここんていしんしょう》が好んだ甘い〈富貴豆《ふきまめ》〉も必ず買う。

当店三代目も、そのお母さんも顔見知りとなり、ちょっと話すのもいい。たくさん買うと入れてくれる手提げ紙袋の切り絵は、店の外観の後ろに、明治に幸田露伴《こうだろはん》が小説『五重塔』を著し、昭和に放火心中で焼失した谷中五重塔も描かれているのがすばらしく、捨てないでとってある。東京に住んで谷中に佃煮を買いにゆくなんていいでしょう。

それを肴の家飲みは、買ってきた三種ほどを一つのタッパーにラップで仕切って入れ、ちょこちょことつまむ。佃煮は味が濃いのでアサリなど一粒で十分だ。

佃煮をつまむ頃はすでに酒も二本目となり、椅子はあぐら座り。佃煮はもともと徳川幕府が上方から漁師を呼んで佃島に住まわせ、そこの小魚の漁業権を与えて献上させたのが発端《ほったん》。これで熱燗一杯は「オレも江戸っ子でぃ」といい気分だが、もう一品。

塩辛

家飲み初級篇、何か忘れてないかと言われそうなのは、そう〈塩辛〉です。

塩辛、これさえあればなんにもいらないという人は多い。私もそうです。家飲みに、海苔佃煮（四万十川海苔がおすすめ）など瓶物は重宝で、その王者は塩辛だろう。旅先などでこれはと思うと買ってくる。

東日本大震災の約一カ月後、東北新幹線の再開を待って現地に出かけた私は、気仙沼《けせんぬま》の復興屋台村に入り、何か買ってさしあげねばと手にしたのが宮城「波座《なぐら》物産」製の「昔ながらの濃厚熟成塩辛」だった。

その味の深さ！〈一夜干しいか使用　30日〜45日程かけて本格熟成〉とある通り、長期熟成された「イカわた」のどっしりと濃厚な味わいは、それまでの瓶詰イカ塩辛などがインスタント食品に見え、大げさかもしれないが、東北人の腰の据わり方は違うと思った。やわな日本酒では太刀打ちできず、互角《ごかく》に渡り合えるのは「神亀」「竹鶴」などの重量級名酒のみだった。しばらく後に『週刊文春』巻末コラム「おいしい！　私の取り寄せ便」

で激励になるかと紹介もした。ぜひお試しを。「濃い」ですぞ。

イカ塩辛なら、私の母の作っていたものを紹介したい。作り方は簡単で、新鮮なイカを細切りして、酒・塩・鷹の爪で漬けるだけ。「わた」は使わないので雪のように白くきれい。早ければ一日でおいしくなる。コツは日に何度も泡立ててかき回すこと。塩はやや控えめにして、食べるとき醤油ちょいが、香りがついていい。

戦後の信州に新鮮な魚はなかったが、長崎生まれの母は魚を見る目があって手頃なイカがあると作り、父の酒の友にして、子供の私も好きになった。結婚して妻に教え、良いイカがあると作ってくれる。イカは柔らかな「やりイカ」がよく、「げそ」も柔らかければ入れる。一、二度作れば塩梅《あんばい》がわかり、出来上がりが楽しみになる。

静岡はカツオの塩辛だ。過日、冷蔵庫奥に焼津で買った古い瓶が残っているのを見つけた。値段500円。賞味期限〈平成13年3月30日〉は二十年前に過ぎている。おそるおそる蓋を開け、表面に塩の結晶が少し浮くのを箸でかき混ぜてなめた一口。

だいじょうぶ、うまい、いける。生臭味は濃厚に純粋化し、そこには圧倒的な時間の堆積が凄《すご》みを帯びた塩分があるだけ。その味はあたかも面壁《めんぺき》十年達磨《だるま》大師の如し（意味不明）。それならとあと一本、高知で買った「酒盗《しゅとう》」を。たしかこちらの方が古い。値段

600円、賞味期限表示は消えている。腐敗臭や醗酵臭は全くなく、これはもはや「カツオの腸が溶け込んだうまい塩」。爪楊枝の先だけで十分だ。腐敗しないことはわかった。それぞれまだ瓶半分ある。これを空にするには私の生涯がかかるだろう。それとも二十年ものとしてオークションに出すか。

そして気づいた、家飲みの最も簡単な肴は「塩」にほかならないと。昔の時代劇で、酒屋に立ち寄った金のない武士が枡で一合もらい、枡の先に塩を置いて飲んだ。これが居酒屋の始まりだ。今はいろんな塩が手に入り、私はヒマラヤの岩塩が好きで、時々飲みながら、しょっぱいものがないと、その小さな容れ物に小指を突っ込んでなめることがある。

最後は「おいしい塩」だけでいいとなったところで、家飲みの肴・中級篇に進もう。

◆中級

ちょい漬け

初級は買ったものを並べるだけだったが、中級は「火を使わない」は維持しつつ「ちょっと手を加える」に進もう。

まず〈ピリ大根〉。大根は皮を剝《む》かずに細拍子木に切り、昆布、鷹の爪と醤油に漬ける。三十分後から食べ頃になり、漬かりすぎるとしょっぱいので数時間で醤油から上げる。皮のところがパリッとおいしい。

このピリ辛漬けは酒飲み好みで、小著『太田和彦の今夜は家呑み』（新潮社）をつくってくださった美人女性編集者は、かぶの薄切りで作り〈未亡人の太股〉と名づけた。醤油が大量に余るので、それを使ってまた漬けるが、大根から出た水で薄まっていて味は鈍くなる。この醤油は煮物で使おう。

初夏だったら若い生姜の〈谷中しょうが〉。青い茎の根方がピンクに染まる色合いは夏の到来。白根を醤油に漬けて三十分。ツンときてすぐ消える辛味はいかにも江戸っ子好み。浴衣出してくれい。

醤油や味噌に漬けるもののおすすめは〈チーみそ〉だ。プロセスチーズを拍子木に切って、味噌に縦に突っ込むが、上1センチほどは出しておくと、食べるとき抜きやすい。漬かりは遅く、三日くらいたつと茶色に染まって、日増しにおいしくなる。

次は〈らっきょう〉。小倉の車引き「無法松《むほうまつ》」はこれで飲んでいた。

岩下俊作原作を映画化した『無法松の一生』こそわが映画。今まで四本つくられ、私はすべて見た。物語は皆さんご存知だろう。

病床にあった伊丹万作渾身《こんしん》の脚本を得た第一作、昭和18（1943）年・大映は監督：稲垣浩／出演：阪東妻三郎・園井恵子。第二作は、戦前は軍部、戦後はGHQの検閲《けんえつ》カットを無念とした稲垣浩のリメイクで昭和33（1958）年・東宝、出演：三船敏郎・高峰秀子。第三作は昭和38（1963）年・東映、監督：村山新治／出演：三國連太郎・淡島千景。第四作は昭和40（1965）年・大映、監督：三隅研次／出演：勝新太郎・有馬稲子。男っぽさが売りの男優ならば無法松は一度はやってみたい役。また荒くれ男の心にひそむ純な魂の物語は、国民映画として各社が看板俳優を立てて映画化した。

第一作の阪東妻三郎は稲垣浩の出演要請に、それまでの剣豪役と違う粗野《そや》な車引きの役に大いに悩み、「失敗したら俳優を辞める、あんたも辞めてくれるか」と役者生命をかけて了承。武骨にして心根は純粋、愛嬌《あいきょう》のある人物像は大ヒット。俳優として以降の役柄拡大になってゆく。

それを継いだ三船敏郎は、凛々《りり》しい男らしさと、秘かに未亡人を思う心の葛藤《かっとう》（ここが軍部でカットされた）を見事に演じ、作品はヴェネチア国際映画祭金獅子賞に。三國連太郎は端正な三船と違い、粗野な男っぽさは最も原作イメージに近い。勝新太郎はいつもの野放図《のほうず》を封じた慎重な演技に終始しながら、終盤の見せ場、秘めた想いを叩きつける祇園太鼓を、幼くして三味線長唄を修業した杵屋の名に賭け「オレの無法松」をこの場面に集中した迫力があった。

荒くれ男の恋心を受ける未亡人は、何と言っても高峰秀子様が第一。ある夜おずおずと訪ねてきた松の目に男を感じてはっとする表情。松の死後残された、手つかずの寸志や祝儀袋の山、未亡人の息子名義の貯金通帳に泣き崩れる姿は、こうして書いていても目がにじむほどだ。

名場面はいくつもあるが、私の好きなのは、未亡人に残された父のない一人息子・敏雄が、一杯やる松になついて、「おじさんは子供の頃泣いたことがあるの？」と聞き、松が「……うん、一回だけある」と、幼いとき継母にじゃけんにされ、遠い地に働きに出ている父に一人で会いに行き、暗い夜道におびえながらようやく辿り着いた飯場に父を見つけ、大泣きに泣いたと話すエピソード。以降、松は、成長し母離れする敏雄を男として鍛えてゆく。何が書きたいかというと、「わしが泣いたんはそんときだけじゃ」とかじるのがらっきょうなのだ（話が長くてすみません）。

松は生の丸かじりだった。それには若いらっきょう＝エシャレットに味噌が向くけれど、やはり毎年五月ころ出る完熟した泥付きらっきょうがいい。その一袋を、皮を剝いて根を切り、大きなタッパーにいっぱいにして、たっぷりの味噌をかぶせて寝かし置く。一週間ほどで味がしみ、次第に濃くなってゆく。

おいしさでは沖縄の「島らっきょう」だ。初めて沖縄に行ったとき、この若いしなやかな辛味にすっかり魅せられ、牧志《まきし》公設市場でいっぱい買ったが、帰りの飛行機で臭って困った。最近初夏の東京のスーパーにも出るようになり、値段は安くないがうれしい。

これをがりがりやるうまさは、漢字「辣韮」がよく語っている。

心は無法松、心寄す未亡人は……。

刺身

らっきょうもいいけれど、日本酒の肴の第一は、そりゃあなた〈刺身〉でしょう。ごもっとも、全くその通り。刺身はビールにもワインにもウイスキーにも合わない、日本酒のための肴だ。

家飲みでこれは簡単、スーパーで買ってくればよい。肝心《かんじん》はプラケースから出して皿に盛るとき、濡らした紫蘇《しそ》大葉を五枚ほど敷くこと。買ったのにも一枚ついているが足りないので常備。大葉は消毒効果の知恵だそうだが、何と言っても新鮮な緑は見た目によく〈緑の添えられない刺身の淋しさよ〉、後半は指でちぎって食べるから飾りだけではない。わさびが欠かせないが本わさびは手に入らず、チューブの練わさびでもないよりはいい。

刺身は季節を反映するのが楽しみだ。春先の〈サヨリ〉は清らかな半透明を醬油で汚す罪悪感がある。でも食べる。初夏の〈トビウオ〉は山陰でその味を知り、スーパーにあったら即購入。冬の王者〈ブリ〉本場は日本海だが、最近東京にも出るようになった。庶民の〈イワシ〉は最近めっきり不漁で、足のはやいこともありほとんど見なくなった。

イカ

次はイカ。刺身、焼いて、煮て、干して、漬けて、あらゆる方法で日本ほどイカを食べる国はない。

　干し烏賊に冬蝿とまる岩瀬港　　七星

北陸富山を訪ねた俳人・七星（太田和彦）が詠んだ名句である。

とか言ってるが、高名な俳人・西村和子さんの対談にお呼びいただき、畏《おそ》れながら拙著『居酒屋おくのほそ道』（文春文庫）を持参したところ、掲載の私の三十余句すべてに付箋《ふせん》で添削《てんさく》。初出〈イカ干しに冬蝿とまる岩瀬港〉をこう直していただいたのだ。

　金沢詠〈蒟蒻に歯形残しておでん皿〉は〈蒟蒻に歯形残しておでんかな〉。

　山形詠〈芭蕉像雪の中なり立石寺〉は〈雪中の芭蕉像なり立石寺〉。

まことに添削おそるべし。すぐさま御著『添削で俳句入門』（ＮＨＫ出版）をもとめたことでした。

俳句なんかいい、さあ食おう。はいわかりました。

荻窪の立ち飲み居酒屋「やきや」こそはイカの天国。イカ漁港ナンバーワン八戸から毎日空輸される新鮮なスルメイカを使ったイカ料理は、胴刺身、みみ、げそ、など十二種におよび、冷蔵庫の大きなガラス瓶のを一混ぜして出す赤い塩辛の気品ある香り、どっしりしたコクはクラクラするほどうまく、陶然《とうぜん》となる。

焼イカなら佃「江戸家《えどいえ》」の〈イカ丸焼〉がベスト。塩かたれでイカを焼くと同時に、ほぐしたわたを小さな容器で温め、焼けて輪切りされたイカをそのたれにつけて食べる。その合わせがすばらしい。また、漁で獲れたのを生きたまま船上で醤油に漬ける〈イカの沖漬〉は、醤油を飲み込んだわたとあいまって、酒の最上の友だ。

しかしイカそのものを味わう最高峰は、やはり泳いでいる活きイカをタモ網ですくう〈活きイカ〉だろう。

北海道函館はイカの町、昔は「イガー、イガー」と朝売りの声がしたそうだ。函館駅からやや離れた「海鮮処 函館山」はカウンター角の丸い水槽にイカが泳ぎ、注文するとタモですくって、三角のエンペラ部をぐっとつかみ、水中で胴からげそをしゅぽっと抜くと銀肌のわたもきれいに抜け、暴れるのもかまわずピローと皮を剝き、スイスイと包丁を入れ、たちまち出来上がり。エンペラは細切り、胴はやや太切り、スパッと切られた足はまだ生きて動き、指に触れるとぴたりと吸いついて離れない。

活きイカは、山陰益田「田吾作」の活きイカ、九州なら佐賀呼子《よぶこ》港直送の博多「河太《かわた》郎《ろう》」など日本中で食べられ、これを経験すると、イカは透明、噛み心地はぷりぷり、味は甘いと知り、白くなったイカ刺など見向きもしなくなる。

しかし家飲みでそれは無理。したがってイカ刺はあまり買わないが、春先に「やりイカ」の小さいのが出ると、茹でておろし生姜。簡単で必ずうまい。

また楽しみは小さな「ホタルイカ」。東京に来るのは茹でてあるが、本場・富山では生ホタルイカは当たり前、そのしゃぶしゃぶ、さらに昆布〆というすばらしいものがある。東京でたまに生ホタルイカが出ると即買いでうれしい。

母直伝のイカ塩辛を書いたがもうひとつ、郷土自慢を。

信州松本の肴は〈塩イカ〉だ。

今から三十年以上も前、雑誌『小説新潮』に書いた紀行「松本の塩イカに望郷つのり」は、田舎が嫌いで上京した私が、二十年後に冷やかし気分で故郷松本を訪ねて飲み歩き、次第に心が素直になり、明日は東京へ帰る最後の晩遅く入った居酒屋で「なんにもなくて」と出された塩イカに涙する、というあざとい（すみません）展開が面白がられ、後の連載「ニッポン居酒屋放浪記」の端緒《たんしょ》となった。

塩イカとは、沖で獲れた小型のイカのげそを抜いてわたをとり、腹に塩を詰めてげそで蓋をして樽詰めしたイカの塩漬けだ。食べるときは水に浸けて塩抜きし、きゅうり薄切りと和える。塩の抜き加減がポイントで、抜きすぎてはいけないが、醤油を少しまわしてもよい。白と緑の美しいこれは、昔から松本では最も日常のおかずだ。

しかし山国信州でイカは獲れない。昔、福井の漁港に近い鮮魚卸し店をのぞくと、これの樽詰めの真っ最中で思わず「塩イカですね！」と声をかけると「こんなもの、松本とかあっちの方でしか食べませんよ」と言われてしょげたことがあった。海のない信州は、日本海の糸魚川《いといがわ》と松本を結ぶ「千国《ちくに》街道」別名「塩の道」で海とつながり、塩蔵品の塩イカもそのひとつだったのだろう。

幼い頃から日常にあり、好きな私は帰郷すると買って、冷凍保存もしておくが、近年あまり見なくなったうえ、値段も倍近くなり、いつも買う大きな鮮魚店で聞くと、イカが不漁らしくてと話していた。そこで売っているのは生産地は福井だが、堂々と「信州の味」と印刷されている。

獲れてすぐ塩漬けされたイカの香りとほんのり塩味、きゅうりのしゃきしゃきは酒の友に最高。これぞ松本のソウルフードと思うのだが、松本の居酒屋に全くないのは、あまりにも日常品で、これでカネとるのかと言われたくないからか。

大昔、西新宿の居酒屋「吉本《よしもと》」に入ると品書きにあり「塩イカですね」と言う私に、先代主人は「これ知ってるんですか」と驚き、はたして信州ご出身の方だった。

こんな話を松本の懇意の居酒屋「あや菜《な》」で話すと、東京から帰った料理熱心な娘さんが取り組み、私はよせばいいのに「塩加減、きゅうりの切り方」云々と文句をつけ、半年後また訪れて食べ「合格」とVサインを出した。今は茗荷《みょうが》を少し加えるなど進化して、立派な一品料理だ。懇意にしているのはカウンターに座るのが娘さんのお母さんで、私の出身高校の二年先輩だから。わが校で先輩は親より偉いが、そのやりとりをにこにこ見ていてくれました。年老いて故郷が恋しい私は「塩イカによる新名物つくり」を、松本のあちこちの居酒屋に提唱しているが反応はいまひとつ。未だに「何もないときの家庭のオカズ」意識が抜けないようだ。

塩イカ賛歌。繰り返しますが、これはうまいです。ぜひ「あや菜」でお試しを。

タコ

タコにも触れなければ。

私の居酒屋修業時代は金がなく、注文は〈タコぶつ〉一本槍。これは安くて、モーリタニア産でもそこそこ食べられる。

しかし修業期を終えた私は、鯛同様、本場明石でその最高を知った。海峡の潮流に揉まれた明石蛸は、艶肌ながらきりりとし、香り高く、味は透明に甘い。それは大奥勤めも一年、すっかり垢抜け、色気もたたえた御殿女中のそっと見えた太股の……（またかい！）。

昔、作家・椎名誠さんたちと瀬戸内海で無人島キャンプをしたとき、漁港ででかい真ダコの生きてるのを一匹買い、網に入れてもらった。島に渡る小舟に荷積みしている間、堤防に置いといたのが、いつの間にか抜け出して網はもぬけの殼。「タコ逃げた！」と探すと、堤防のはるか彼方を意外に速いスピードですたこら這《は》ってゆく。追いかけて「このタコ！」と捕まえたが、張りついた吸盤でびくともせず、四人がかりで（一人、足二本ずつ）でようやく剝《は》いだ。

島に着き、粗塩で揉む「ぬめり取り」の役になったが、大量の塩を振っても泡の如きぬめりは減らないばかりか、腕にしっかり巻きついて、剝ぎ取っても剝ぎ取ってもからみつく。なにしろ八本あるうえ敵も必死だ。一時間ほど格闘後、大きな寸胴のぐらぐら沸いた湯に沈めると、顔は真っ赤、太い足は見事に「タコの八ちゃん」になってお手上げお陀仏《だぶつ》となった。その茹で立てを一本スパッと切って塩をなすり、かぶりついたうまさよ！

うまかったなあ、あれは、と思えど家飲みでそんなことはできず、茹で上がったのを買う。タコの時季は「半夏生《はんげしょう》」、夏至から数えて十一日目。この日まで田植えなどの大仕事を終える区切りで、関西では稲がタコの足のようにしっかり大地に根を張って育つよう、タコを食べる習慣があるそうだ。東京でもその時季は「明石蛸」と別記されて値も張るが、やはり柔らかく、香りよく、別格においしい。

タコは圧倒的に関西が本場。イカは居酒屋でも寿司屋でもあまり見なく、興味はないらしい。その関西の春の卵（飯＝いい）を抱いた飯蛸煮《いいだこに》は季節の風物詩で、〈小蛸の桜煮〉は関西料理人の基本中の基本という。私も関西の居酒屋に入るとタコを注文するようになった。

関東は久里浜が有名で、カニを食べているので味がよいのだそうで、湯島の名店「シンスケ」にたまに出る。千駄木の「三忠《さんちゅう》」はタコが名物の居酒屋で、北海道の太い水タコを薄切りした〈たこしゃぶ〉はタコ料理の傑作《けっさく》。

〈蛸は低カロリー、高蛋白質の模範的食品。多く含むタウリン成分は神経の疲れを取り、怖い顔で帰ってきた亭主には蛸ぶつを出しておけば機嫌が良くなるそうだ。おいらが蛸好きの理由がわかりました。〉

昔、こんな文を書いたことでした。

アジ

鮮魚売場に常にある魚の代表は「アジ」だ。

私は熱烈な「鯵《あじ》っ食い」。刺身も、たたきも、酢〆も、塩焼きも、フライも、天ぷらも、開いて干しても、これほど万能な魚はない。新聞に〈新しょうがとアジの炊き込みごはん〉というのが紹介されていてうまそうだった。

アジ料理のひとつ、薬味と味噌で叩く〈なめろう〉はもともとは千葉の漁師料理で、船上で素早く弁当飯のおかずにするのに、醬油はこぼれるので味噌を持っていった。これを知ったのは、はるか昔に取材で訪ねた勝浦の居酒屋「舟勝《ふなかつ》」だ。今も行くが、入るといきなり「太田さん、今日のはいいっすよ！」と大声をかける主人は毎日のように船を出して獲りにゆく。

船上の荒っぽい漁師料理だったものをきちんと仕上げたここの〈なめろう〉はアジの状態に合わせた叩き加減で粘りが変わり、アジ好きにはこたえられなく、同行編集者は「私のなめろう人生が崩れました」とわからないことを言った。これを焼いた〈さんが焼〉は香ばしい焼味噌の風味がたまらないうまさ。さらに生なめろうを氷と酢に三十分ほど漬けた〈酢なめろう〉は、外は白く中は赤く、食べ進むと叩き込んだ青唐辛子でじんわりと額に汗がにじみ、夏に最高だ。トビウオ、イサキのなめろうもまた美味。

もうひとつアジの本場は小田原。駅に近い大きな居酒屋「金時《きんとき》」にアジを食べに訪れた私は、まず〈地アジ刺〉。毎朝、小田原漁港で仕入れる相模湾のまるまる大きな一尾を素早く三枚におろし、中骨を帆掛けに、皮を剝いた紅白肌の厚い切身は、斜め格子に浅く包丁され、アジ仕事ならまかせろの自信そのもの。その透明な甘味は生臭さゼロ。次の〈なめろう〉はたっぷりの大葉が叩き込まれた緑が透けて美しく、味噌は使わず、醬油でいただく。アジは薬味の合う魚だなあ。さらに酢〆、塩焼き、フライ、ハンバーグもあるがギブアップしてしまった。

私より歳上というお母さんは客の間をくるくると働き、にこにこと話し相手になってくれる。ご主人は「お酒飲むしか能のない人で」、なら居酒屋でもやらなきゃと思い、まだ中学生だった息子二人に相談すると「オレが手伝うよ」と言ってくれた。店も整い一週間後は開店という日にご主人は早世《そうせい》、それからは大車輪で働いたのよと笑う。以来四十年。そのお母さんと、板場に立つ孝行息子兄弟の店は小田原市民に不動の信頼を得て、毎晩客が絶えない。真面目そのものの好漢の兄の一言「親父と飲みたかったです」は私を泣かせた。皆さん、小田原行ったら「金時」です。

家飲みのアジは、素直に刺身やたたきを買ってきて盛り替えるだけで何もしない。鮮度は見ればわかり、はずれることはない。やや鮮度がないなと見たら〈アジ酢〉にする。酢に浸しておき、風呂を浴びて出てくる頃ちょうどになって、酢を捨てる。

私は糖尿病警戒のため揚物は控えているけれど、年末大晦日だけは「揚物祭」として、アジフライやカキフライをばんばん揚げてもらう。これにはウスターソースが欠かせず、ある年、さあ食うぞとなってないと気づき、急ぎ近所のコンビニに走ったことがあった。年に一度の年越しアジフライです。

マグロ

刺身の華はやはり、真っ赤な「マグロ」だろう。

関西はもちろん「鯛」だが、本場明石鯛を知った私は（嫌み）、東京ではうまい鯛はあきらめた。事実スーパー鮮魚売場に時々出てもおいしくない。そりゃ、高級寿司屋にはあるでしょう、今話してるのは家飲みです。

マグロは中トロよりも赤身に限る。本マグロは値段が高いので、もっぱらメジマグロかメバチマグロ。そのままでもよいが、ここで一手間〈鉄火マグロ〉といこう。

赤身刺身を、柚子胡椒を溶いた醤油でからめ、大葉敷きの皿に並べ、刻み海苔をのせる。手軽だが私にはかなりご馳走で、思わずもみ手だ。ポイントは柚子胡椒の香り。

いわばヅケ。閉店してしまった門前仲町の名居酒屋「浅七《あさしち》」のマグロは、赤身のサク一本を醤油に漬けておき、湯通しして切ると、外側は白く中は鮮紅《せんこう》に、それは粋なものだった。今なら浅草観音裏、気っ風よい若大将の居酒屋「ぬる燗」で品書きトップにある〈メバチ鮪《まぐろ》赤身漬け辛味大根添え〉が輪郭《りんかく》が白い厚切りで、辛味大根とよく合い、たいへんおいしい。浅草好きの彼からは、浅草の知られざる名店をたくさん教わった。

生魚を最高にうまく食べさせる料理はやはり、飯と握る寿司で、刺身が米でつくる日本酒と合うのもそのためだ。ぶどうでつくった酒じゃだめ。

寿司は高級で滅多に行けないが、それだけに決心したときは、酒なんか飲まず握りに専念する。寿司に最も合うのはお茶だ。注文は「トロ・うに抜きのおまかせ十貫ほど」。付け台に置かれたら即口へ、目をつぶってウンウンと味わい、お茶で口を洗って次に備える。好きなのはコハダ、穴子……。ああうまかったと最後はかんぴょう巻で〆て、およそ三十分。1万円かあ、ま、いっか、オレも老い先もう長くないし……。誰かご馳走してくれい。

せっかち鉄火肌の江戸っ子握りにマグロは主役、〆は鉄火巻、急ぎは鉄火丼となる。関西人はあまりマグロは食べず、その幼い「ヨコワ」を好む。寿司も握りよりは押し寿司だ。主役は鯖《さば》。鯖の押し寿司こそ関西の華。私は祇園隣りの明治32（1899）年創業「千登利亭」がごひいきで、入洛したら必ず行き、土産にも買います。

カツオ

「女房を質に入れても初鰹」。江戸っ子はカツオに血道《ちみち》を上げた。それは今も同じで「カツオ出たぞ」「食った」と言い合う。

私がカツオの真価を知ったのは高知だ。およそ三十年も前、雑誌『小説新潮』で月一回連載「ニッポン居酒屋放浪記」を始めていた私は、一年が過ぎて二代目担当者に「どこ行く?」と聞くと「高知にしましょう、私の出身地です」と即決された。

そこで知った〈カツオたたき〉は、金串サクを、燃え上がる藁の炎に突っ込んでぐるぐるまわして炙《あぶ》り、皮側は黒く焦げ、中はまだ生で赤いのを厚切り。ニンニクや刻み葱、大葉（高知では青蘇《せいそう》と言う）の薬味を加え、ポン酢醤油（同ちり酢）をかけ、ピタピタと叩くので〈たたき〉と言う。刺身というものは何もせず醤油だけ、というびくびくした概念を打ち破るダイナミックな調理に土佐高知のパワーを知った。また高知の寿司屋にカツオの太巻きは基本であるとも知った。

その後も何度も行き、玉葱スライスと合わせる「四万十風」を知って、以来それが家で食べる基本になった。季節になると東京のスーパーでも焼いたサクを売っているが、高知から送ってもらうパックのにはかなわない。それは焼藁の香りだ。

最近は初鰹も早く、三月ころにはもう並ぶ。その刺身を放射状に並べてニンニクスライスを貼りつけ、たっぷりの新玉葱をのせてポン酢をかけ回す。そこで十分ほどおき、箸をとる。戻り鰹のハイシーズンには片面を焼いた〈たたき〉のサクもスーパーに出てきて、赤い身の鮮烈なのがあったらなおいい。

しかし関西では「ふうん」くらいの扱いで居酒屋にはなく、東京人の喜ぶ秋の「サンマ」も「あんなもん」とやや蔑視。ばたばた煙を出して焦がし焼くなんてことはしない。関西の焼魚は「鯛」、それも〈かぶと焼〉だ。

〈カツオたたき〉は見た目も豪華で、家飲み最高のご馳走、酒も進むことです。

貝

刺身だったら貝を忘れるな。時季は春。3月3日、ひな祭り生まれの私は、はまぐりのお吸い物が誕生日料理だ。

家飲みならば、一番扱いやすいのは「アオヤギ」で、千葉・富津《ふっつ》あたりが本場。スーパーで売っているのはオレンジ色にとがった「舌切り」だけだが、やはり貝柱やヒモも含む全体がおいしい。貝柱は「小柱」として寿司で軍艦巻されてわさびが合う。

ずいぶん前、椎名誠さんたちと富津にキャンプに行き、焚き火宴会をしたとき、名産アオヤギで即席ぬたを作ると、とても喜ばれた。地元ではバカ貝と呼ばれ、あんまりな名前じゃないと言うと、バカみたいに採れる、いやしょっちゅう居場所を変えるので「場変え貝」、などとも聞いた。

家飲みでは、酒と味噌少し、辛子たっぷり、彩りに青い浅葱を入れて、和えれば出来上がり。とても春らしいです。

アサリの剝き身を売っていたら、これは火を使うが、酒・味噌・浅葱・針生姜で、余熱でちょうどになるくらいに瞬間的に熱を加え、すぐ止める。その小鉢を名づけて〈江戸浅《あさ》蜊《り》〉と気取ってみました。

春の貝の華は「赤貝」だ。その剝き身は滅多に出なく、身だけでなく「ヒモ」がついているのが肝心だ。私は時季になると中野の古い居酒屋「らんまん」で赤貝を注文するのが楽しみだ。「ある？」「あります」。ベテラン板前の自信に満ちた返事がうれしく、今開けた大ぶり一個を左右に広げた殻の外側は筋目に添ってびっしりと黒い毛が生え、つるりと真っ白な内側には、太股のようなヒモがぬらりと官能的にからみつき、赤い貝肉が妖《あや》しく濡れて誘い込むようにさあどうぞと……（表現発禁！）。

貝には「貝級（階級）制度」がある。大きく立派な〈鮑《あわび》〉は雲上宮人。小振りの〈常《とこ》節《ぶし》〉は殿、エグ味の〈平貝〉は老獪《ろうかい》な家老。大奥筆頭お局は〈赤貝〉、殿お気に入りの色っぽい腰元は〈蛤《はまぐり》〉、新入りお女中その名は〈青柳《あおやぎ》〉。道場には師範〈栄螺《さざえ》兵衛〉が若侍〈シッタカ〉や〈チャンバラ貝〉を鍛え、北に強い勘定奉行〈北寄《ほっき》貝〉は廻船問屋〈帆立貝〉と親しく、黒頭巾の忍者〈鳥貝〉を密偵に探索中だ。地方藩を預かる〈牡蠣《かき》〉は養殖で人材育成、佐賀の知将〈マテ貝〉は無駄な干拓で頭が痛い。身分制のない町場は〈浅蜊〉の深川井兵衛、〈しじみ〉の味噌汁は二日酔いに最適。庶民はこちらでしたとさ。

魚卵

魚ものならば「魚卵」もいい。たらこ、すじこ、いくら。たらこの湿り気と塩味は酒の肴に飽きない。辛子明太子はおいしいものだが辛いので、私は生たらこ派。ちょっと炙った香ばしさは魅力的だが火を使います。すじこは粘りと魚卵のコクがよく「これさえあれば」になる。粒々のいくらは箸でつまみにくく、スプーンは子供っぽいので、晩酌には不適。こちらはやはり白いご飯にのせよう。

しかし魚卵の王者は「カズノコ」、ニシンだ。

ニシンは戦後大漁に獲れ、北海道小樽はニシン御殿が建ったというが、あるときから急激に獲れなくなり、今も続いている。

映画『ジャコ萬と鉄』（1949年）は黒澤明の脚本を得た谷口千吉監督の秀作。

北海道のニシン漁場に流れてきた片目の無法者・ジャコ萬（月形龍之介）に、かつて樺《から》太《ふと》で船が難破《なんぱ》したとき彼を置き去りにした弱みのある網元（進藤英太郎）は手が出せないでいたが、帰ってきた網元の息子（三船敏郎）が立ち向かう。ある夜、ニシンの大群来たるの報《しら》せに沸き立つ漁夫に、ジャコ萬はこのときを待っていたとばかり銃を手に「船を出しちゃならねえ」と威圧《いあつ》。網元は土下座して手をこすり、地に頭をつけ「網を揚げてくれ」と懇願する場面が、天運頼りのニシン漁を実感させて印象的だ。快活純情な三船は日曜になると一人で馬橇《うまぞり》をあやつって遠い町の教会に行き、二階でオルガンを弾く聖少女（久我美子）を遠く見る。そして帰ってゆく。キャメラは行きも帰りも、大森林の雪の一本道を小さくなってゆく橇を後ろから撮って、男の純な心を写している。

昭和39（1964）年、監督：深作欣二《ふかさくきんじ》／出演：丹波哲郎・高倉健・山形勲《いさお》・南田洋子によるリメイクもグッドキャスティングでたいへん面白かった。日本映画黄金時代だなあ。

ニシン（鰊）は「春告魚」とも呼ばれ、いかにも春が待ち遠しい北国らしい。春先の若いニシンの塩焼きはたいへんおいしい。大漁後は内臓をとって干した〈身欠きニシン〉として出回る。会津若松は新鮮な身欠きニシンと、初夏にいくらでも採れる山椒を炊き合わせた〈ニシン山椒煮〉が、生魚のない山国の大切な料理だ。名店「籠太《かごた》」の主人・鈴木さんによると、味を決めるのは一にも二にも最上の酢を惜しげなく使うことだそうだ。

鈴木さんは郷土研究家でもあり、江戸時代、春先に庄内から新鮮な身欠きニシンを売りに来るのは若い娘の仕事で、迎える武家は懐《ふところ》が苦しくても翌年払いで買うのは、翌年もその娘に会える若侍の気持ちもあっただろうという話は、藤沢周平の小説を思わせた。

戦後に大漁の続いたニシンは山国信州にも出回り、わが家の夕餉《ゆうげ》に魚が出るといえばニシン塩焼きばかりだったが、もちろん大ご馳走で、たまに腹にカズノコがあると父がとても喜んだ。私の名「和彦」は母の「和子」から一字いただいた。父は私に「お前はカズノコだ」と笑った。正月料理に母の作る〈カズノコ漬〉は、昆布を刻み入れてとてもおいしかった。

私が東京の大学に入って上京するとき、母は「体が弱ったらニシンを食べなさい、栄養がある」と教えた。銀座の定食屋にはニシン定食があり、たまにカズノコが入っていた。以来大好物。私はニシンで育ったカズノコだ。

秋田生まれの太宰治は身欠きニシンを生味噌で食べるのを好み、三島由紀夫はそれをバカにしたという。弘前の名郷土居酒屋「しまや」ではそうして出し、たいへん美味で、これを食べる太宰に思いを馳せたりする。

野菜ふたたび

第二部の野菜は、ちょっと手をかけよう。

おすすめは〈小松菜もみ〉。洗った小松菜をざっくり切り、昆布茶・一味唐辛子・レモンひとしぼりをかけ、両手でぐいぐいばりばり揉み込む。水が出て、揉み終えたら、しらすを混ぜ合わせて出来上がり。小松菜は茎もぽきぽき折るとよく、刻み茗荷を入れると味がふくらむ。昆布茶に塩分があるので塩はいらない。しらすは最初から入れると、ちぎれるので、本体ができてから混ぜる。刻み海苔をかけてもよい（ここでしらす、海苔は常備品のわけがわかる）。

週に二度も三度も作る定番中の定番で、小松菜は常備品だ。味のポイントは昆布茶でこれも常備。野菜をばりばり食べなくちゃというプレッシャーはこれで消えます。バリエーションは〈茄子もみ〉。薄く切った茄子で同じようにすると、こちらも水がよく出て、風味には刻み大葉が合う。私は福岡の長茄子が好き。

ねばねばものが好きな私は「オクラ」を刻んで削り節をかけ、根気よくかき回して醤油たらり。事前に湯通しすると色鮮やかに粘りもよくなる。

八丈島の名居酒屋「梁山泊《りょうざんぱく》」の、島のオクラを板擂《いたず》りした〈ネリ〉は、たかがオクラがこれほどうまいものかと驚かされる。海藻カギイバラノリを煮て魚くずなどと固めた〈ブド〉、マヨネーズ醤油で食べる〈岩のり焼き〉、それを混ぜた〈ハンバめし〉、〈飛魚さつま揚げ〉〈明日葉天ぷら〉、不動の名産〈くさや〉〈島寿司〉など、八丈島のすばらしき食については小著「ニッポンぶらり旅」シリーズ第五巻『可愛いあの娘は島育ち』（集英社文庫）をご参照あれ。

ちょっと手をかけた野菜なら漬物だ。私は仕事場の冷蔵庫で〈ぬか漬〉をやっている。ぬか漬と言うと身構え、毎日かき混ぜるとか、母の代からのぬか床など、その維持苦心談になるが、私に言わせればこれほど簡単なものはない。スーパーで売っている、出来上がったぬか床を買い、大きなタッパーに鷹の爪を混ぜ込んで入れるだけ。

きゅうりは一日で漬かり、茗荷は二日くらい。茄子は縦半分に切ればはやく、丸ごとだと三日くらい。かぶは六つ切りにして三、四日。よく漬かったのが好き。時々ぬか床をかき混ぜて空気に当てる。ビールを入れるとよいとか、いろいろ知恵を聞くが、私は冷蔵庫に放置。野菜の水がたまってきたらクッキングペーパーで吸い取る。何カ月もしてぬか床がへたってきたら新しいのに取り換える。簡単です。

簡単ですが、買ってきた漬物よりも自分で作る方が面白く、漬かり具合もお好みだ。野菜は食べすぎがないそうで安心だ。

〈小松菜もみ〉

豆腐

ここまで読んで「豆腐を忘れてない？」と思うでしょう。豆腐も野菜のうちか。もちろん忘れてません、豆腐こそ、簡単にして飽きない酒の最良の友。私は『70歳、これからは湯豆腐』（亜紀書房）なる本まで書きました。

家でも居酒屋でも何十年も豆腐を食べた。居酒屋で出す〈湯豆腐〉は野菜などがいっぱい入る鍋料理ではなく、薄い出汁の湯で一丁を温めてあるのを切らずに出す〈温奴《おんやっこ》〉だ。

その「日本三大居酒屋湯豆腐」を紹介しよう。

創業昭和29（1954）年の横須賀「大衆酒場ぎんじ」の湯豆腐は、特大アルマイト鍋の鱈《たら》と昆布の出汁に温まっているのをすくって辛子を塗り、削り節と葱をのせる。削り節は、店を建てた大工だった、現女将さんの義父が使っていたカンナを裏返して硬い鰹節を搔《か》くのがうれしい。

創業大正3（1914）年、伊勢「一月家《いちげつや》」は、注文を受けると一丁を湯に沈め、温まって上がってきたタイミングで削り節、葱を山盛りして、たれをまわす。この「たれ」は太い「伊勢うどん」にぶっかけで使うもので独特のコクが深い。客は好みで一味をぱらり。

あと一軒は新しく、京都御所西に平成24（2012）年に開店した「酒場　井倉木材《いくらもくざい》」だ。好漢主人は父の材木店を継ぎながら、夜は空いている材木置場敷地で念願の立ち飲み店を始めようと、愛読の太田和彦の本を手に全国行脚《あんぎゃ》。「第一次日本三大居酒屋湯豆腐」のひとつであった盛岡「とらや」（現閉店）も「一月家」も訪ねて、立ち飲みで一番大切なのは豆腐と定めた。日本で一番豆腐がうまい京都でここと思う「嵯峨豆腐森嘉《もりか》」の豆腐に決めて毎朝とりにゆき、そこが休みの日はメニューに出さず、削り節・葱・醤油も吟味《ぎんみ》して完成。それを食べた私は感嘆。「新・日本三大居酒屋湯豆腐」となった。

どこも共通に第一とするのは、当たり前だが良い豆腐の調達で、決められた造り豆腐屋のものを使い続ける。東京で冷奴がうまいのは、根岸「鍵屋」、恵比寿「さいき」、自由が丘「金田《かねだ》」あたりで、皆決めた店のものしか使わず、「さいき」も「金田」も、いつもの豆腐屋がなくなったらウチも閉店ですと言った。

「豆腐屋三代続かず」と言うくらい、毎朝暗いうちから始め、その日のうちに売り切らねばならず儲《もう》けも少ない豆腐屋の仕事はきつく、一定量を決まって買ってくれる居酒屋はありがたいだろうし、その味も変えるわけにはゆかない。まさに共存共栄。

何が言いたいかというと「豆腐は個人店の手づくりでなくてはだめ」「スーパーで売ってるパックのはだめ」ということ。私が住んでいた麻布十番にはうまい豆腐屋が三軒あり、買いに行って晩酌の盆にのった。

終戦後大陸から引き揚げてきた私の一家は、父の故郷松本の隣村の豆腐屋の二階に、まず間借りした。そのとき私はまだ零歳だったが、父母は豆腐ばかり食べていたと思え、私の意識にも刷り込まれたか、豆腐は生まれて初めての好物となった。

成長して居酒屋の原稿など書くようになり（父ちゃん、母ちゃん、許せ）、山本周五郎の取材で浦安を訪ね、造り豆腐屋が多いのに気づいた。

ある一軒で出てきたお婆さんから、この「埼玉屋」はお祖父さんの代から続き、「漁師町では魚は飽きていて、手軽な豆腐が晩酌に欠かせない」と聞いて納得。お礼に一丁買ったが手にあまり、昼食に入った天ぷら屋で「あの」と差し出すと驚き、でも削り節をかけて届き、恐縮。その冷奴はうまく、後に「ほろ酔い周五郎巡礼は浦安の豆腐から」と題して書いた（『居酒屋道楽』河出文庫収録）。

またあるとき、代々木上原の手づくり豆腐屋、その名も「太田屋」のがあまりにもうまそうで「すみません、ここで食べたいんです」とお願いすると、笑って白タイル水槽の中で掌にのせて切り、醤油サービスで立ち食いさせてくれた。そのおいしさは「僕で三代目」という言葉が語る。おさめる居酒屋を聞いて夜に訪ね、注文。「この豆腐うまいね」と言うと、女主人は誇らしげに「太田屋さんの」と言い、私も調子に乗って自分の名を言いました。

数年前のこと。仕事場の夕方に、豆腐屋のラッパと語尾上がりの「と〜ふ〜」という売り声が聞こえて出てみると、今どき珍しい自転車の豆腐売りだ。一丁買うとうまく、以来声がすると買うようになり、あるとき売る青年から「アメリカに行く資金稼ぎに、造り豆腐屋に行商を申し出た」と聞き、その心意気に「来たら必ず買うぞ、絹だ」と約束した。それから半年だったか、ある日から来なくなった。きっと渡米したのだろう。

豆腐談義は尽きない。まさに分身だが、今住んでいる所に豆腐屋はなく、たまにスーパーで買っても「豆腐はこんなものじゃない」と白けてしまい、私の家飲みから豆腐は泣く泣く消えたのだ。

ある人が、住む近所に、うまいコーヒーと、古本屋と、豆腐屋があるのが理想と言っていたのに共感。皆さん近所に造り豆腐屋があったらその幸せを大切に、毎日買うように。

油揚

豆腐だったら油揚といこう。

日本で豆腐が一番うまいのは京都で、もちろん油揚も。

これも初期の「ニッポン居酒屋放浪記」で京都を訪ね、北野天満宮前の「とようけ茶屋」に昼食に入ると、湯豆腐だけで七種類もあり、〈とようけ丼（豆腐丼）〉とともにとった〈葱揚げ〉をこう書いた。

〈薄揚げに浅葱ネギの青いところを刻んでたっぷり入れ軽く炙ったもので、油臭くなく軽い風味がとてもいい。大好物の油揚げもこんな上品なのは初めてだ。これなら毎日食べたい〉〈外に出て店で売ってるのを見るとくだんの油揚げは10×30センチ位と大きく一枚150円。京都の人はいいもの食べてるんだなあ〉と続く。

その「とようけ屋山本」は明治30（1897）年創業の京豆腐の老舗と知った。後年、先斗町《ぽんとちょう》の「酒亭ばんから」で焼油揚がおいしいので「どこの？」と聞くと「とようけ屋」と答えられ納得。

京都は「薄揚」で「厚揚」は野暮とされ使われない。油揚消費量日本一は福井県でスーパーの油揚売場にはいろんなのがいっぱい並び、それは永平寺の精進料理の貴重なたんぱく源によるそうだが、厚揚だ。ある居酒屋でいただいた名品、「谷口屋」の「竹田の油揚げ」はたいへんおいしく厚さは3センチ。「これは厚揚だね」と言うと「いや、油揚です」と譲らなかった。油揚とはそういうものだということなのだろう。正確に言えば、外側は揚げで中は白い豆腐のままのが「厚揚」だが、当地のは中まで揚がった全身油揚で、厚い。

私は薄揚派。フレーズ「日本一」好きの私は油揚でもそれを考察していたが（何をエラそうに）、このほどそれが確定した。

それはわが故郷松本「田内屋《たうちや》商事」の「手揚げ」一枚190円だ（普通のは167円）。水がうまいのは豆腐の条件だが、松本は名水井戸が至る所にあるアルプス伏流水の町。市内からやや離れた女鳥羽川《めとばがわ》に近い店は奥がどこまでも広く、豆腐づくりの活気に満ちている。帰省すると大きな手揚げをいつも五、六枚買ってきて冷凍保存。その焼いた香ばしさは、京都の上品、福井の重厚に比べ、山国の文学的滋味《じみ》と言おうか。味は文章では説明できないが「この太田が保証する」じゃだめか。豆腐ももちろんすばらしく、近くに住む人がうらやましい（市内に「田内屋」はいろいろあるので注意）。

東京の居酒屋で一番うまい〈焼油揚〉は下北沢の居酒屋「両花《りょうはな》」で、店主にそのわけを聞くとあっさりと「京都のだから」と答えた。ここによくご一緒する角野卓造さんの注文は焼油揚が定番だが、添えられるたっぷりの刻み葱は別皿にもらい、醤油をかけ回してしばらくおくと粘りが出てきて、それでいただく。以降私もその「角野流」になった。

さてこれを家飲みで。ウルサイ私だが、スーパーで見つけた宇都宮の「日光あげ」は油抜きしなくてもさらりと軽く、定番になり、角野流で味わってます。大根おろしも合います。

納豆

豆腐、油揚ときたら、納豆でしょう。

〈「なっと、なっと、なっと〜、いーとひきなっと〜」

冬の朝。糸を引くように「いーと」と長くのばした、自転車の納豆売りの声が聞こえると、母が「カズヒコ、納豆買っといで」と声をかけ、「うん」とおいらが元気よく走り出す。背中に「辛子、青海苔たくさんね」と声が追いかける。

「納豆ひとつ。辛子、青海苔、たくさん」

おいらの注文におじさんはようしと、三角経木《きょうぎ》を開け、引き出しに並ぶ容器からぺたっと辛子を塗りつけ、青海苔を一匙《さじ》、二匙ふりかけてまた閉じる。15円渡して家に駆け戻り、丼にあけてもうれつにかき回すのもおいらの仕事だ。「納豆はよく混ぜると量が増えるんだよ」と母は言っていた。〉

——昔、納豆についての原稿を頼まれたときの冒頭だ。こう続く。

〈「納豆は畑の牛肉といって栄養があるんだよ」と母は言った。「行ってきまーす」茶碗を

置くと、元気よく学校に飛び出して行った。〉

母は本当は牛肉を食べさせてやりたかったのだろう。しかし貧しいわが家にそれはできない相談だった。ああ、母の愛よ。

——以来、納豆一筋。上京した大学生の下宿自炊は、ご飯、くずハム入りもやし炒め、豆腐の味噌汁、そして納豆が不動のメニューで一食予算95円。昔は一家五人に納豆一つ、今は一人一個。おかげで病気ひとつせず……。それは今も変わらない。冷蔵庫に納豆がないことはなく、その心は「これさえあればなんとかなる」。

もちろん家飲みにも登場する。北大路魯山人《きたおおじろさんじん》は、納豆はかき回せばかき回すほど味がよくなる、そこで生じた「糸」がうまいのだと書いた。まさに糸引き納豆だ。薬味に刻み葱は定番だが、それだけではない。私は「納豆八珍」を工夫した。

(1) オクラ納豆
二大ねばねばの共演。青い香りと噛み心地がいい。

(2) おろし納豆
納豆を十分かき混ぜた後、しっかり水気を切ったおろしを混ぜると、ピリリと辛味がきいてうまい。粉の青海苔をかけるときれい。

(3)　青じそ納豆

いわゆる大葉を糸切りにして混ぜる。この効果は想定しやすいだろう。彩りもよし。

(4)　生海苔納豆

春先に出回る生海苔は、潮の香りが強く、驚くほどうまい。海山の出合いはご飯にのせてもおいしい。

(5)　ふきのとう納豆

これも春の山菜ふきのとうを細かく叩いて混ぜ込む。春の「苦味」と香りは最高だ。

(6)　わかめ納豆

若いわかめを刻んで混ぜる。わかめ多めで、むしろ海の香り優先。

(7)　塩納豆

醤油でなく塩で味をつける。亡くなった渡辺文雄さんは句会仲間で、そのとき教わった。

(8)　マグロ納豆

居酒屋で人気の定番。よく混ぜて仕上げた納豆を、マグロ赤身と和えてもみ海苔を振る。男には人気だが、女性は絶対注文しない。

さてもうひとつ、納豆料理の最高峰は熊本の〈桜納豆〉だ。熊本は長野、東北と並ぶ馬刺文化圏。東京では下町に多く、馬肉は桜肉と言う。熊本の居酒屋「天草《あまくさ》」でこれに遭遇。赤い馬刺を納豆とエイヤとかき混ぜるがかなり重く、竹箸がしなる。納豆はすべてそうだが、混ぜ終えてから醤油を差す。先に入れると粘りが出ない。桜納豆は九州の甘い醤油がよく合う。

これはうまいですぞ。特徴は「馬力が出る」。これを先述「ニッポンぶらり旅」シリーズで書き『熊本の桜納豆は下品でうまい』とタイトルしたら編集者に笑われたが、食べてみたいとも言った。

酒の肴には重いが〈納豆オムレツ〉もおいしい。納豆はほんとに役者です。

日本酒の肴・中級の最後に、家飲み最高の珍味を紹介しよう。それは〈玉子の味噌漬〉。タッパーに厚く味噌を張ってガーゼをかぶせ、その上から深いくぼみ穴をいくつか作り、そこに黄身を落とす。このとき注意しないと黄身が破れ、それでは流れてしまってできないので慎重に。黄身がこんもりとしっかりする高級玉子を使うとよい。

二日くらいで固まり始めると取り出せ、日によって凝固が強くなり、どの段階でもおいしい。

これは本当に珍味。昔教えてくれた酒飲みの友人は〈貧乏人のうに〉と笑ったが、私のテレビ番組で紹介すると反響多く、「貧乏人のうにではない、金持ちのうにだ」というのもあった。つまり本物よりもこちらが上だと。

そうかもしれない、いやそうだ。居酒屋では一軒だけこれを出す所があったが忘れてしまった。

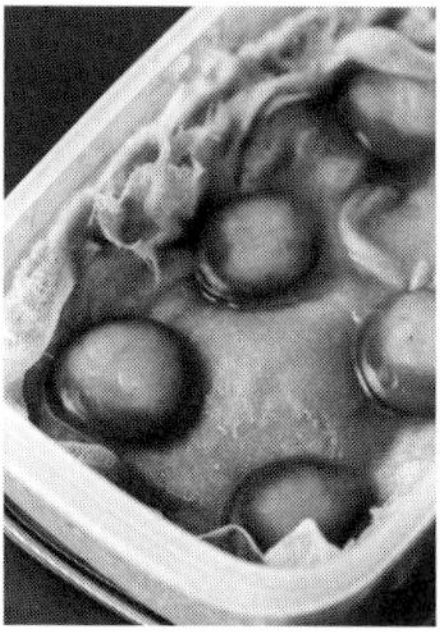

〈玉子の味噌漬〉

◆上級

焼物

さて、まあこんなところか。これだけあれば日々の家飲みはまかなえる。ここからは上級篇「火を使う」に入ろう。

火を使うと言っても、煮たり焼いたり炒めたりの大ごとはせず、せいぜい温める程度。お燗のため湯は沸かしているから、それをフライパンに換えるだけ。台所は妻の聖域で、きれいに食後の片づけを終えた後に、ごそごそ使うのを嫌がるので遠慮しなければ。それもあるが、夜帰った男一人、風呂を終えたら、料理などせず一刻もはやくビールプシュに移りたい。

簡単なところでは、フライパンで焼く〈丸干し〉がいい。焼くと言っても温める程度。ホイルを敷くので終えてそれを捨てればフライパンは洗わなくてよい。丸干し＝目刺は酒飲み万人が認めるよいもの。これればかりは手で頭から。その野趣《やしゅ》を俳人は好んだ。「目刺」

は春の季語。その説明〈小魚数匹を連ねて、その鰓《えら》に藁または串を通して干し固めたもので、炙って食べる。ことにもっぱら目刺鰯《いわし》について言うことが多い。まだ寒いうちから市場に出る。頬刺とも言う〉（『最新俳句歳時記　春』山本健吉編）。

　失せてゆく目刺のにがみ酒ふくむ　高浜虚子《きょし》

　木枯らしや目刺にのこる海のいろ　芥川龍之介

笹カレイ、柳カレイとも呼ばれる〈カレイ一夜干し〉も大好きだ。山陰の若狭《わかさ》カレイでその味をおぼえ、スーパーにあると買う。焼くと身が崩れやすいので、ホイルで片面を七分ほど焼き、別ホイルをかぶせてそっとひっくり返し、そのへんで火を止めてフライパンの余熱にあずける。食べるとき中骨がきれいにとれるとうれしい。〈アジの開き〉になると、換気扇《かんきせん》をまわさねばならず、夜焼くにはもう大げさでやらない。

魚ではないが、春の山菜「ふきのとう」が出たら、刻んで味噌と和えてホイル焼きに。香ばしい焦げ味噌は陶然とさせる。

小鍋

上級に登場といえば〈小鍋立《だて》〉か。

小鍋立とは目の前で煮ながらいただく簡単な鍋料理。食エッセイも多い池波正太郎は、作品によくこれを登場させた。『剣客商売《けんかく》』に出てくる〈アサリと大根鍋〉はいかにも江戸っぽい。

この小鍋立をメインにしているのが京都の「小鍋屋いさきち」だ。有名割烹「たん熊」で修業したご主人は自分の店を持つにあたり、しっかり出汁をとっておけばあまり手間のかからないこれを名物にした。

基本は「青物と何か」の二種組み合わせ。年中あるのは、アサリと大根、しじみと大根、水菜と揚げ、三つ葉と茸《きのこ》、九条葱と鴨、きんぴらと鶏、じゃがいもと鶏、にらもやしと鶏、白才菜《はくさいな》と鶏、など。鶏はすべて豚と替えられる。カウンターにはめた電磁調理台にステンレス小鍋を一人一鍋置き、火加減は主人がリモートでそれぞれ調整する。

これはうまいです。アサリがカパッと開いたらポン酢醤油、主人が、これは大根を食べる鍋と言うように、旨味を吸った大根千六本のうまいこと。粉山椒を振るとなおよし。主人は池波小説の小鍋はすべて試したが、店で出すのはアサリと大根だけで、ほかは食材保存ができなかった時代の工夫。今は新鮮な食材でもっとおいしく作れるそうだ。

小鍋のよいのはすぐ食べ終わることで、さっと下げ、また別の一鍋を注文する。出汁にご飯を入れてなどの野暮はしない。

目の前で鍋が煮えているのは良いものだ。そして一人鍋に限る。一人家飲みには豪華な具だくさんの鍋料理は合わない。具はきっぱり二種まで、加えても豆腐。いつまでも置いておかず、ささっと食べ終えてすぐ台所に下げる。そうしてなにごともなかったように、また酒に帰る。鍋はどうしてもガス台を置くため、夜の夜中に大げさになるのが難点。それゆえ、終わったらすぐ下げるのを美学としよう。

ま、一番簡単は、鍋に昆布を張っておくだけの〈湯豆腐〉。昆布は遠慮せず大きく。これも常備品だ。

シメ

こんな調子でおよそ二時間。ああ、いい気持ちに酔ってきた、そろそろ寝よう。でもこの酔い心地をもうしばらく楽しむか。

そこで手を伸ばすのはチーズだ。今度はゴーダ、カマンベール、グリュイエールなどのナチュラルチーズがいい。日本酒とチーズはほんとによく合う。

そうしてそうして最終に登場するのは、意外にも南京豆＝ピーナッツだ。これですかと思うかも知れないが、一粒ずつつまむ乾いた豆は、それまでのどんな味にも、口当たりにもない劇的展開でエピローグに最適だ。ミックスナッツやくるみもいい。いとこの医者に「お兄さんはお酒を飲むから、くるみを食べなさい」と言われた。

ピーナッツの袋を裏返すと中国やミャンマー産が多いが、本場千葉産はやはりおいしく、指でつまんでぽりぽりやる無心の境地。最近は千葉産の生豆を手に入れて自分で炒る。これはうまいです。

私の毎夜の家飲みは、ビールをロング缶一本、日本酒はおよそ一合半。

案外少ないとお思いでしょう。昔から晩酌は「小半《こなから》」と言って二合半が適量とされる。それゆえ遠慮せずもっと飲んでもよく、制限しているつもりもないのだが、夜遅いから眠くなってしまい、最後は椅子にあぐらで、こっくりさん。

夜遅い家飲みはこれが利点、結果的に飲みすぎないから体によいはずだ。

ほんじゃ今日は終わりと重い腰を上げる夜中の零時半。家中は静まりかえり、音を立てぬようすべてを台所に運び、皿小鉢は流しに下げ、水だけ浸す。盃は洗って布巾に置き、ちろり・徳利は酒気を抜くため水を満たして一晩置く。舞台だった盆は拭いていつもの場所に立てかける。後は歯を磨いて寝るだけ。

オヤスミナサイ……。

自分の世界

何をしているか

家飲みのやり方はわかった。では、飲みながら何をしているか。

答は「何もしていない」。

テレビはつけない、新聞も見ない、音楽も聴かない、スマホは持っていない。本当に何もしないで、ただぼおっと酒に専念している。

これはとても良いことと思う。

座禅の目的は「無心」なのだそうだ。あれこれの悩みは自然に消えた無心の境地。その無心が「悩みなどたいしたことではない」という境地に至り、問題はおのずと解決すると。

これを毎晩やっている。貧乏性で何かしていないと落ち着かない人もいると思うが、きっぱりと雑事を断ち切ってみると次第に慣れ、良さに気づいてくる。

この良さは「意味」の消失だ。会話も、テレビも、新聞も、そこには意味があり、意味を知るには頭を使わねばならない。それがいらない心地よさ。マラソンランナーはある時点から頭が空っぽの「ランナーズハイ」になるのが快感と言う。野山を歩いていると、何もかも忘れて純粋に自然に浸る、その贅沢さ。

昼の仕事場でも執筆時間が長くなると疲れて能率が下がる。そのときの気分転換は音楽だ。右脳だったか左脳だったか、論理と感覚。執筆は一応、意味の連なる論理とすれば、意味というものが全くない音楽がそれを休めてくれる。

夜の家飲みにあるのは、ただこれだけ。

シーン……

これがいいんだな。ぼおっと眺めるのは室内。活けた百合の花に素焼きの花瓶がよく合うのは大地のイメージか、と思う頃はまだ頭はかすかに働いているが、そこからは何も憶えていない。この純粋な時間にテレビや新聞を見るなんて、本当にもったいなくてできない。

この何もしない時間が家飲みの神髄。私は毎晩座禅を組んでいるのだ、酒を飲みながらですが。きっとバカ面だろう。でも誰も見ていない、そこにいるのは生まれたまんまの自分。いずれ死ぬ、死ぬとはこういう状態か。

心を託す

それでもたまに、もう少し起きていたいと思うとイヤホンで音楽を聴く。聴くのはCDセット「いい夜、いい酒、いいメロディ――魅惑の昭和流行歌集」。

これは、歌謡曲について書いたことがきっかけでビクターからお話をいただいてつくった五枚組アルバムだ。こういう懐メロセットは各社でつくられ、だいたい自社を六割、他社（日本コロムビアとかテイチクとか）を四割ほどで編集するので似通った内容になってしまう。私は、ヒットしなかったがじつは名曲を中心に、しかし売れ行きも考えてヒット曲も忘れず、自分の好きな歌手、曲だけで百曲を選んだ。

その楽しさ、難しさ。ビクター専属ではない美空ひばり、石原裕次郎は各三曲とされ、それなら何にするかとのうれしい苦心。ちなみに、ひばりは「私のボーイフレンド」「あの丘越えて」「チャルメラそば屋」、裕次郎は「口笛が聞こえる港町」「二人の世界」「夕陽の丘」。どうです、この選曲。ちあきなおみは制限一曲で「星影の小径《こみち》」を。これを聴く。すべて自分の選曲だから心地よくないわけがない。

歌謡曲の良さは詞がわかること。ジャズボーカルやラテンも大好きだが、語学の弱い私は歌詞の意味がわからず、対訳を読んでも詞にこめた歌唱の情感はわからない。しかし歌謡曲はすべてがわかる。

悲しい恋の　なきがらは
そっと流そう　泣かないで
（松島アキラ「湖愁」詞：宮川哲夫）

好きなのに　あの人はいない
話相手は　涙だけなの
（黛《まゆずみ》ジュン「天使の誘惑」詞：なかにし礼）

おぼえているかい　故郷の村を
たよりもとだえて　幾年《いくとせ》過ぎた
（三橋美智也「リンゴ村から」詞：矢野亮）

いいなあ……。音楽好きの私は、日中はクラシック、夕方からはジャズ、ラテン。さあ今日はもう終わりのクロージングに聴くのは女性ジャズボーカル。夜になると人の声が恋しくなる。そして夜の酒には歌謡曲が絶対だ。
無心になった心を託す。こうして夜はふけてゆく。

究極の家飲み

私の父は長野県の教員で、中学校の夏休みは毎年生徒を連れ、山の小さな湖畔で学校キャンプをした。父はその間ずっと滞在して学年交替でやってくるのを待つ。小学二年生だった私は、父に「お前も来い」と連れられた。

夜は盛大に焚き火を囲んで歌う。「わーれは海の子　シラミの子〜」と先生が替え歌で生徒をわかせた（シラミって、わかりますか?）。私の「とうちゃん、しょんべん」に「そのへんでやってこい」と言われ、女生徒が「カズヒコちゃん、ついてってあげるね」と立ってくれた。

以来、暗い夜の山は恐くなくなり、中学、高校と友達との自炊キャンプはいつものこと。東京に出て、椎名誠さんらとのキャンプに加えてもらうと、そこには酒がある。「仲間と酒と焚き火」。黄金の組み合わせがここに完成した。

大学で教えるようになり、ゼミ合宿を実行。格安ロッジを借り、昼はみっちり二階の私の部屋でマンツーマン特訓。終わった順に下に降り、自炊夕飯の支度に入る。

メニューは椎名キャンプでおぼえた、料理人・林さんの、きゅうり・ピーマン・人参・ニンニク・生姜・鷹の爪の乱切りをたっぷりの醤油に漬ける〈リンさん漬〉をまず作り、適当につまんでビールプシ。

その醤油たれが重要で、鶏肉・豚肉・ラム・生イカ・サンマ・茄子・椎茸・葱・じゃがいもホイルなどなんでもこれに浸けて焼く。必ず「炉端焼き主人」が登場し「ししとうは少々お待ちを」とやっている。注文よろしく目の前で焼けたものはおいしい。大学を辞めてからもゼミ生たちとのキャンプは恒例になり、この〈なんでも焼〉が毎度登場だ。まことにキャンプほど良いものはない。

長野にいる私の姪の夫は、大の日本酒とキャンプ好きで、ある晩秋、四歳になる息子を連れて三人キャンプに行った。彼は設営と夕食の支度、私は走り回る息子を木登りさせたり、崖を下りたり、薪《まき》を集めさせたり、怪我《けが》をさせぬよう番をする。暗くなり始めた焚き火で、ウインナーを小枝に刺して焼かせると「うまい！」と声。子供はこういうものがうまいのだ。

大人二人は、常にキャンプ道具一式を積んである彼の大型車から、一升瓶、ちろり、温度計、徳利、盃を取り出し、家でするのと全く同じ家飲みの開始だ。

「おじさん、温度どうですか？」

「ん、45度でどうだ」

「いいですね」

　この調子。晩秋のキャンプ地は我々三人だけ。暗くなってきた森や山、焚き火に夢中の息子、肌寒くなってヘッドランプですする燗酒のうまいこと。

「酸味があるな」

「生だからですね」

　酔ったらそこにテントがある。寝袋も敷いてある。オレは一人、息子と父ちゃんは一緒。もう何も慌てることはない。

　そうして気づいた、究極の家飲みはこれだと。

おわりに

居酒屋飲みは
・好きな店に入る。
・好きなものを注文して飲む。
・親しい友人や店主との会話を楽しむ。
・一人で世間を眺める。
・終えたら勘定して家に帰る。

家飲みは
・いつも同じ部屋の同じ椅子。
・いつも同じ酒つまみ。
・話し相手はいない。

・眺める世間はない。
・終えたら寝る。

より詳しくは
・独立した自分だけの時間。
・専用の盆を持つ。
・第一部ビール、第二部日本酒。
・肴は火を使わない範囲。
・飲んでいる間は何もせず、自分との絆を確認する。
・終えたら下げて寝る。

これだけのことが、こんなだらだらと長い文になった。

私の妻はまだ現役で働いていてくれ、勤め先から帰宅すると、同居の妻の母との夕飯を支度。昼間はできない様々な家事もそれからになる。

こちらは引退の身だが、できるだけその負担を軽くさせるには家にいないのが一番と、妻が出勤前に用意しておいてくれた簡単な朝食を済ませ、歩いて仕事場に行く。昼は自炊して、夜九時半ころに帰宅。そんな時間に、明日も勤務のある妻に何かを頼むわけにはゆかず、自分で用意して飲むのが、この家飲みパターンになった。

しかしコロナ禍で妻も在宅テレワークが増え、そうなると通勤は減り、時間はある程度自由になり、私の家飲みにも夕飯のおかずの残りなどを出してくれるようになった。今は「小料理いづみ」と称して、その品書き帖もつけ、休肝日の日曜は店もお休みだ。

妻は酒は飲まないが、昔チェコへ行ってからビール好きになったようで、お気に入りは「ピルスナーウルケル」とか。たまに買ってきて一杯だけ飲み、残りは私が引き受ける。

互いに忙しいときは、あまり会話することもなかったが、年齢のせいか少し話すようになった。これは家飲みの産物だろう。さらに、夜どうも寝つけなく、時々睡眠薬を使うという母に、私が燗酒の盃を一杯すすめると、おそるおそる口にして「まあおいしい」ともらし、翌朝は寝坊。「ぐっすり眠れました」と喜んでいた。

家飲み本を書きませんかの提案は、昨年来のコロナ禍で居酒屋に行けず、家飲みで我慢している現今からだった。実際私も、最大の楽しみである居酒屋めぐりができなくなったのは、毎日の生き甲斐を失った感がある。外での酒を目の敵《かたき》にした政府行政のバカ加減よ。

それでも、仕方なしだが、家で酒を飲むことを見直してみる機会にはなった。それは「公」と「私」、「世間」と「自分」の対比だった。

初めての自著『居酒屋大全』（講談社）は平成2（1990）年、44歳のとき。それから31年、75歳でこの『家飲み大全』を書くことになった。公も世間も卒業したか。

どうぞ家飲みを楽しみましょう。そしてたまには居酒屋へ。

2021年8月

太田和彦

太田和彦（おおた・かずひこ）
1946年、北京で生まれ長野県松本市で育つ。デザイナー、作家。東京教育大学（現筑波大学）教育学部芸術学科卒業。資生堂宣伝制作室のアートディレクターを経て独立し、「アマゾンデザイン」を設立。デザイン関連の受賞多数。2000～06年度、東北芸術工科大学教授。本業のかたわら日本各地の居酒屋を訪ね、テレビ番組のナビゲーターとしても活躍している。
1990年に初となる著書『居酒屋大全』（講談社）を刊行。以後、多数著作を上梓。主な著書に『居酒屋百名山』『ニッポン居酒屋放浪記』（ともに新潮社）、『70歳、これからは湯豆腐』（亜紀書房）、『月の下のカウンター』（小学館）などがある。

本作品は当文庫のための書き下ろしです。

だいわ文庫

家飲《いえの》み大全《たいぜん》

著者　太田和彦《おおたかずひこ》

二〇二一年九月一五日第一刷発行
二〇二一年一〇月一〇日第二刷発行

発行者　佐藤靖
発行所　大和《だいわ》書房
東京都文京区関口一―三三―四 〒一一二―〇〇一四
電話 〇三―三二〇三―四五一一

フォーマットデザイン　鈴木成一デザイン室
本文デザイン　横須賀拓
本文写真　米谷享
本文印刷　厚徳社
カバー印刷　山一印刷
製本　ナショナル製本

JASRAC 出 2106789-101
ISBN978-4-479-30881-2
乱丁本・落丁本はお取り替えいたします。
http://www.daiwashobo.co.jp